石川和男
ISHIKAWA Kazuo

今すぐ伝えるコツ174

「話す」「書く」「聞く」
すべてに使える技術

ソシム

はじめに

後回しにせず、確実に伝える方法

あなたは、このようなことで悩んでいませんか？

- 伝えるべきことを、**つい後回しにしてしまう**
- 後回しにした結果、**大問題になっている**
- 思ったとおりに、**言葉にできない**
- 伝えたはずなのに、**全然伝わっていなかった**
- うまく伝えられないせいで、**残業が増える**
- メール、チャットなど、**SNSに振り回されている**

もし、このようなことで悩んでいたら、それはあなたのせいではありません。今までの仕事の仕方、周囲の人の考え方が時代に合わなくなっているだけです。

この本は、そんな悩みを抱える皆さんのための本です。

「余計なことは考えず、今すぐ伝えて、成果を上げる」

その方法をまとめている伝え方の本です。

もし、目の前の仕事に振り回されて、仕事や人生につらさを感じている人は、この本を最後まで読んでみてください。

読み終えたとき、今までとはまったく違う人生が待っています。

01 「伝え方」が仕事、人生のすべてを変える！

伝え方を変えよう、と言うと、こう考える人もいます。

「伝えることくらい誰にでもできるし、今さら学ぶ必要はない。問題は聞き手のほうにあるんだ」

だから、普段は伝え方を意識することはなく、その使い方や効果はあまり深く考えないのです。

しかし、多くの人は、伝え方はいい仕事をするうえで欠かせない、特に話す、聞く、書くのポイントを押さえることが重要だと知っています。

つまり、「伝え方を制する人が、仕事、人生を制する」のです。

02 伝え方を徹底的に鍛えて、どん底から這い上がる

ここで、私の自己紹介をさせてください。
小学校ではクラス一の嫌われ者。
偏差値30の高校を卒業し、大学は夜間の定時制、しかも留年。
入社した会社は、ブラック企業、20代でリストラ。
今、どんな悲惨な末路を過ごしているのかと思われそうですが、現在は、

- 東京大学出身の社長が立ち上げた会社で副社長
- 外国語が一切話せないのに国際関係を扱う社団法人の理事
- 建設会社役員
- 明治大学客員研究員
- 一部上場会社を含む企業のセミナー講師

などを行っています。

「生まれつき頭が良かった」「やらなくてもできた」とは過去の私からは思えませんよね。

つまり、こうした「一般的にすごい」と思っていただける仕事は、生まれつきではなくある能力を磨けば、誰にでもできるのです。

その能力とは、話し方、聞き方、書き方、つまり**「伝える能力」です。この能力を徹底的に高めていきました。**

私は複数の仕事を20年以上にわたって掛け持ちしています。会社員の傍ら、税理士やセミナー講師、専門学校講師、大学講師、コンサルタント、著者など少なくとも5つ以上の仕事を同時にこなしてきました。

そして、これらの仕事に共通しているのは、**伝える力が必要**ということです。

複数の仕事をしていると、仕事漬けの毎日と思われます。しかし、そんなことはありません。プライベートでは、パーティーに参加し、家族とドライブなど遠出もします。睡眠時間を確保することを一番に考えています。休息も忘れず、岩盤浴やサウナでリフレッシュして、毎日楽しく過ごしています。

このような生活を送ることができているのも、「伝え方」を磨いてきたからです。また同時に、期限を決める、優先順位の高い仕事を午前中に終える、やらないことを決めるなど、時間を効率的に使う方法も極めてきて、今では個人向けに時間管理のコンサルティングを行っています。

03 どんな人にも「伝え方」は必須スキル

寡黙《かもく》に働ける研究者や芸術家でもないかぎり、伝える能力は必要になります。いえ、そうした人たちですら、誰かとかかわらずに仕事をすることは不可能でしょう。

特にビジネスの世界では、**出世すればするほど、また役職が上がれば上がるほど人前で話す機会も増え、聞く人数も増えていきます。**

緊張せずに、堂々と、自分の言いたいことを伝えていく能力が必要になるのです。

そして、報告、連絡、相談、確認、提案、話す、聞く、書くなど、**伝える能力**は総務、経理、人事、財務、営業、技術……**どの職種においても、その他大勢から抜け出すのに必要な共通のスキル**です。

ダメダメだった私が、ビジネスパーソンとして人生を逆転させるためには、出世することでした。しかし、人見知りで、緊張しいで、人前で話せなった私は、ここにも大きな壁があったのです。

そこで私は、**「伝え方との向き合い方」**を徹底的に工夫しました。

まず、月1回セミナーに通い、毎月十数冊の本を読みました。それを身につけるために仕事や私生活でアウトプットを繰り返しました。試行錯誤の精度を上げるため独自のノート術も開発し、さらに磨きました。こうした結果、無敵の伝え方を身につけることができたのです。

その結果、前述したように、東京大学出身の社長にスカウトされ副社長になるなど、人生を逆転することに成功しました。

専門的能力が優れていたわけでも、実務経験が豊富だったわけでもありません。伝える能力でつかみとったものです。

そして、先ほど紹介した「時間管理」の技術を磨くことで完成したのが、「今すぐ伝えるコツ」です。本書では誰もがこの方法を簡単に身につけ、一生実践し続けられるようにまとめています。この伝え方を使えば、あなたが、今よりもずっとたくさんの仕事を、もっと精度高く、ハイスピードでこなせると断言できます。

04 「間違った伝え方」には共通点がある

私は、仕事もプライベートも、**トラブルの原因の９割は「間違った伝え方」**だと確信しています。

長年、伝え方について考えるなかで、そこには五つの原因があることに気がつきました。

一つ目は「伝わっていなかった」です。これは「間違った伝わり方をしていた」や「伝えなくても分かると思っていた」までさまざまなパターンがありますが、伝えるべきことが伝わっていなかったということです。

二つ目は「聞いたつもり」です。「きちんと伝える」にはその前提となる「聞く」が必要です。しかし、「さすがです」「なるほどです」などと相づちを打つだけで聞いたつもりになったり、相手が話している途中でわかったつもりで話を遮《さえぎ》ったり、というパターンがよくあります。それだけでは当然、深い洞察は得られませんし、いい伝え方もできません。

三つ目は「安易な言葉の選択」です。飲み会で、「ビールでいいです」と即効で答える人がいますが、間違った言葉の選び方は相手との関係を悪化させます。それだけでなく、業界人や親しい人だけに通じる専門用語を平気で使う人がいますが、相手が知らない言葉は相手には伝わりません。

四つ目は「伝わりやすい関係性がない」です。「昼休みにランチをご馳走するといって後輩を連れ出す」「1カ月に1回、無理してでも後輩を飲み会に誘って交流を深めようとする」ということをしている人がいますが、こうした無理やりにつくった関係では、相手は身構えてしまうし、満足な伝え方はできません。

五つ目は「伝える準備の不足」です。良い伝え方や円滑なコミュニケーションはその場だけでなく、伝える以前から準備が必要です。

これらの間違ったコミュニケーションがお互いを疲弊させ、人間関係も悪くします。お金まで支払っているのに嫌われる悲しいケースもあります。

これら五つの問題はすべて本書の「今すぐ伝えるコツ」で解決できます。

今すぐ伝えるコツなら、後回しせずに確実に伝えるべきことを伝えることができます。早く伝えることができれば問題点や改善点も明確になります。

私の経験を踏まえて、これからの時代を生き抜く、必要不可欠な方法をお伝えします。

本書から、ひとつでも多くのスキルを身につけ、これからのあなたに役立てて頂けたら幸いです。

石川和男

第3章

話すチカラ

この章を読み終えた瞬間、話し方は変わる！

第4章 聞くチカラ

話しすぎるな！聞け！聞き上手最強伝説！

あいづち

コラム

第5章 書くチカラ

誰でも速く伝わる文章を書く方法

イントロダクション

書き出し

読みやすい仕組み

コラム

第6章

SNSは主じゃなくて従!

振り回されない使い方!

第1章

今すぐ伝えるコツ

―「伝えるのが面倒」がなくなり、すぐ動ける！―

イントロダクション

「もう明日はない」という気持ちが、今すぐ伝える力になる

私は税理士試験に挑戦しているとき、「背水の陣」を敷きました。半紙に筆で「背水の陣」と書いて、壁に貼っていたぐらいです。

当初は働きながら勉強していましたが、途中から会社を辞めて勉強に専念しました。

無職になったことで将来に不安を感じていました。妻と2人でアパートで暮らしていましたが、家賃や国民健康保険、自動車の維持費などで毎月25万円が銀行口座から消えていきます。4カ月で100万円（25万円×4カ月）、1年で300万円が消えていくのは恐怖でしかありません。貯めるのは大変だったのに、なくなるのは一瞬です。

このまま受からなければ、夫婦2人で路頭に迷う、いや正確にはお腹のなかに赤

ちゃんもいたため親子3人が路頭に迷ってしまう。その恐怖や不安で眠れない日もありました。こんな状況で勉強していたため、飲み会の誘いも断り、冠婚葬祭も行かずに、ひたすら勉強に打ち込みました。

背水の陣を敷くとどうなるか？　税理士試験を受かることに、すべての時間を使うようになります。

背水の陣を敷くことで、24時間を税理士試験に受かることだけを考えるようになりました。

伝えるときも同じで、「動けない！」と感じていたら、自分を追い込んでみてください。背水の陣を敷いてみてください。動けないのは切迫していないからかもしれません。**自分を追い込むことで、動けるようになります。**

この章ではそのためのコツをお伝えしていきます。

期限を決める

001

忙しい人のほうが、伝えるのが速い

仕事が速い人は、忙しい。

会社では有能な人に仕事が集まります。そのためできるビジネスパーソンは必然的に忙しくなります。

そして、不思議な現象が起こります。

忙しい人のほうが、暇にしている人より伝えるのが速い。

例えば、メールの返信。**忙しい人は、開いて読んだら、その場で返す。**今ここで返信しなければ、次はいつ返信できるかわからないからです。次々と仕事をこなすために、メールを開いたなら読み、その瞬間に返し、その仕事を終わらせる必要があるのです。

一方、暇な人は、いつ返してもいいと思い、面倒なメールは先延ばし。何度も日を改めて、そのたびに何度も読み返し、やっと返信します。いつでも返せると思っているので、文章を作成せず返信も遅いのです。忙しい人より、2倍も3倍も時間がかかります。

002 「先延ばし」をやめる

仕事は、「忙しい人に頼め」といいます。

忙しいので、この時間にしかできないという気持ちになります。面倒な相手にもすぐに連絡します。**時間がないので期限があります。期限は人を集中させます。**

暇な人は時間に余裕があるので、面倒な相手だから伝えるのはイヤだな、明日でもいいかな、明日になったらまた明日と、伝えることを先延ばしにします。

003 クオリティよりも「速さ」

忙しい人は、速く伝えるメリットを知っています。

いち速く報告や提出をすることで、多少クオリティが低くても、受け取る相手は、そのスピードに驚きます。感動すら覚える人もいます。仮に、修正点があっても「ここところを直しておいて」と、修正箇所が見つかり、そこを直せばその仕事は終わります。

暇な人は、遅くなるデメリットを知りません。

時間が経ち、よりクオリティの高いものを作らなければ提出できなくなり、また遅くなるという悪循環。期限ギリギリになって提出し、方向性も違っているのでやり直し。「遅くなって申し訳ありません」という言い訳の文章を考えるのにまた時間がかかります。

いかに速く伝えるかによって、仕事は片づき、生産性も上がっていくのです。

004

「何日何時まで」という具体的な期限を決める

期限は人を集中させます。

- **明日の15時までに提出してください**
- **来週の5日13時までに回答ください**
- **4月30日までに原稿をお願いします**

「いつまでに」という期限があるから、実行に移されるのです。

面倒な仕事の場合、期限の指定がなく、「好きなときに提出して、好きなときに話して、好きなときに聞きにきて」と言われたら、いつまでも着手できません。

期限がなければ、ビジネス書の執筆など、一生できないでしょう。

私は、5年前にある出版社から出版が決まりました。しかし、先方の編集長も次から次へと仕事がある人気編集長。私もほかの仕事や出版が続いて、その企画についてはまったく動いていないのです。編集長とは1年に一度、ある会合でお会いするのですが、そのたびに「企画は社内で通っているのでお互い落ち着いたらやりましょう」「承知しました」という会話が、恒例行事の決まり文句になっています。

ひとつだけ分かっているのは、**期限を決めなければ永遠にこの企画は世に出ない**ということです。

005

「ダブルデッドライン」を決める

期限が人を動かします。しかし、それだけでは問題があります。人は期限ギリギリにならなければ動かないのです。

小学校時代の夏休みの宿題、中学校時代の提出物、高校時代の中間テスト……もう取り掛からないと間に合わないという日から、慌てて取り組むものです。

期限が人を動かすことは事実です。しかし、作家、コピーライターのひすいこたろう氏が「あらゆる仕事は、なぜか締め切り直前に終わる」といっているように、ギリギリにならないと動き出さないのです。

しかも、ギリギリだとミスも増え、ストレスも溜《た》まります。

どうせ、いつかはやらなければダメなのであれば、早め早めに取り組みましょう。

そのためには、**終わりの期限だけではなく、スタートの期限も決めてしまう。**

私はノートに今日1日やるタスクをすべて書き出しています。朝一番にそのノートを開き、やる順番を決めてしまうのです。このタスクをいつからはじめるかを決めてしまうのです。開始時間を決めてしまえば、すぐ動くことができます。終わりの期限ギリギリになってから、慌てて始めることにはなりません。

始まりと終わりの期限、**ダブルデッドライン**にするのです。

006

「ダブルデッドライン」で他人も速く動かす

部下に仕事を指示するときも、終わりの期限とともに、重要な案件については、始める期限も打ち合わせします。そのときは、「〇日から始めるように」と指示するのではなく、部下に「この仕事、いつからやる？」と聞き、本人に決めてもらうようにします。

「行動宣言効果」といって、**人は言葉や文章で自分の考えを公言すると、その考えを最後まで守ろうとする傾向があるから**です。

007 「トリプルデッドライン」で予定より速く

始まりと終わりの期限、ダブルデッドラインは、先延ばしを防ぐためには重要です。しかし、それで終わりではありません。私は**終わりの期限の前に、自分自身の終了期限を設定**します。

企画書や見積書は、提出期限の何時間前や前日に完成させます。手直しがあったときに余裕ができるし、本来の提出期限よりも先に終わらせたことで、自分のなかで優越感に浸ることができて自信につながったり、それにより過剰な緊張が発生したりしないのです。

先方との打ち合わせや面談の日時の回答も、約束の期限の2、3日前には答えてしまいます。

008 「前倒し」は相手のためと考える

いつ伝えても同じなら、**一刻も速く伝えたほうが先方も他の予定を入れやすいし**

信用も生まれます。そして仕事の速い人と思われるのです。私は前倒しで連絡すると、「さすが時間管理の専門家」と褒《ほ》められます。

人は「他者から期待を受けると、その期待に応えようとしたくなる」という心理的な傾向があります（ピグマリオン効果）。褒められると、ますます期待に応えようと効率的に時間を使うようになるのです。

3つの期限、トリプルデッドラインで、伝えることが速くなり、心に余裕も生まれるのです。

009

「悩む、選ぶ、迷う」の時間を削る

速く伝えられない原因は、決断力がないからです。決めていないから伝えられない。決められないので、伝えることもできない。

決断力をつけるには、日ごろから決断力を養うこ

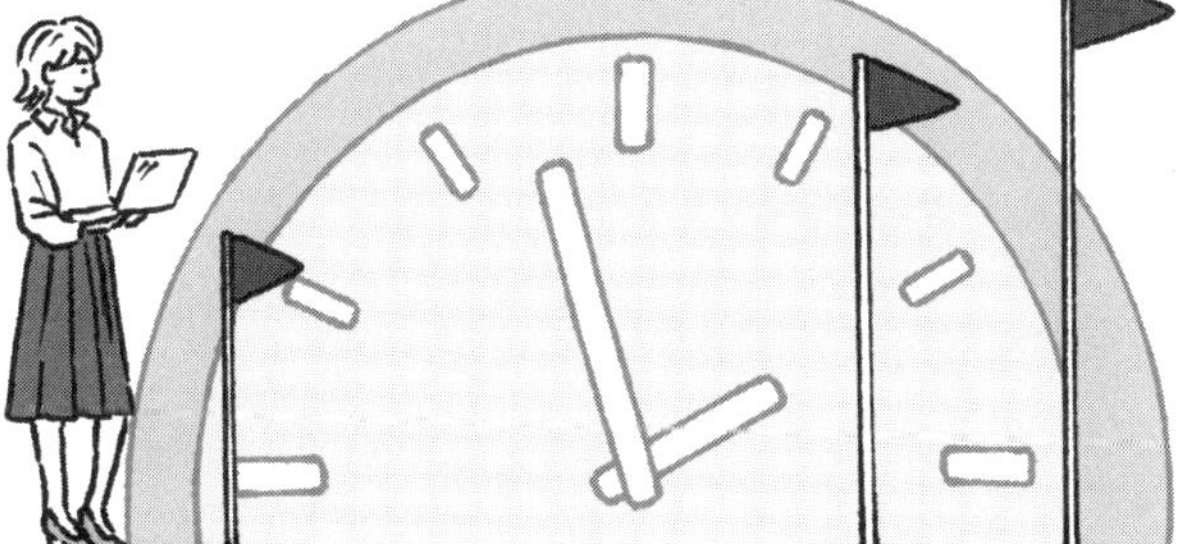

とが重要です。

大学講師をはじめ5つの仕事をこなしているAさん。

プライベートでは、食事に行く場所から、メニューの選び方、二次会の場所までとにかく決断が速い。私も決断が速いと自負していましたが、Aさんにはかないません。

そう思っていた矢先に「決断力について」というセミナーをAさんが開催するということで参加しました。

「なぜ、あなたは決断が遅いのか？　それはその場で判断しようとするからです。常日頃から優先順位をつけておき、その状況になったら優先順位の高いものを選べばいいのです。私は決断する状況になったときには、何をするか誰を選ぶかを、もうすでに決めています」と言っていました。間違いなく、**「悩む、選ぶ、迷う」は、ムダな時間**です。この3つを削減できれば、伝えるスピードも格段と速くなります。

010

「起こる前」に、優先順位を決めておく

Aさんは、もっと細分化していると前置きをしてから、優先順位の順番を、先約

↓家族↓仕事↓友人↓部下↓上司……というように決めていると言っていました。先約が一番で、先約がなく約束が重なった場合は、仕事より家族、部下の約束より友人との約束を優先させると決めているそうです。

決めているから、決断が速く、伝えるのも速いのです。

家族との約束があれば、急な残業も断ることができます。部下の相談を優先し、上司の依頼を後回しにすることもできます。

Aさんがすごいのは、奥様と2人の子どもがいるそうですが、もしボートに乗っていて転覆したら、助ける順番も決めているそうです。

私も2人の子どもがいますが、考えたくもない話ですし、どれだけ考えても優先順位をつけられません。

賛否両論あるとは思いますが、Aさんの話を聞いて、ここまで**優先順位をつけられるからこそ、**

仕事も速いし伝えるのも速いのかと納得したことを覚えています。

011 時間は、あなたを待ってくれない

当時は、家族に優先順位をつけられないと思っていました。Aさんは冷徹というかシビアな人だと思っていました。しかし、あれから10年経った今、この話を人に伝えていくうちに、違う見解が生まれてきました。

誰を助けるか迷っているうちに3人とも助からないかもしれません。もし、奥様を助けるという優先順位を決めていたら、奥様を助けたあと、二人で子どもたちを助けられ、結果全員が助かるかもしれないのです。決断できずにオロオロと溺れていく3人を見ていたら、誰も助けることはできません。

伝え方の「型」を使う

012
まずは「３つの基本」を使う

毒蝮三太夫《どくまむしさんだゆう》さんやマツコ・デラックスさんは、毒舌で有名ですが、「型」があるからできるんです。

あの人は伝え方が独特だけど心に響くことをいう、「ちゃん付け」で呼んでいるけど嫌味がなく人気がある、先輩に生意気な口を利くけど可愛がられている。こんなコミュニケーション能力が高い人がいても、最初から真似をしようとしてはいけません。

その人は基本ができていたり、嫌われない境界線を学んでいたり、その人が築き上げてきた関係性があるんです。

まずは、基本を身につけることです。

では、伝え方の基本とは何か？　詳しくは、後述しますが、次の3つを極めることです。

これらの基本を身につけることで、**伝え方の「型」を習得し、それを基礎にしてから、自分なりのスタイルを築いていく**。

まずは基本をしっかりと学び、それから自分らしい方法を見つけていくことが重要です。

013

型①　「短く、具体的に」伝える

伝えたいことをはっきりと、かつできるだけ簡単に伝える。複雑で長い説明は、相手にとって理解しにくく、重要なポイントが埋もれてしまうことがあります。

友達を映画に誘うとき、「今度の土曜日、午後2時に『ストリート・オブ・ファイヤー』という青春映画を観に行かない？」と、具体的に時間や映画のタイトルを伝えることで、相手は返答しやすくなります。あいまいな「いつか映画を観に行こうよ」という伝え方では、計画が立てられませんし、明確な返答もできません。

014

型② 「相手の立場」に立って伝える

相手の気持ちや立場を考えて、どのように伝えれば理解しやすいかを考えることも大切です。相手が何を求めているのか、どのような情報が必要なのかを考慮して伝えると効果的です。

あなたが友人にダイエットの方法を提案するとき、ただ「この方法のほうがいい」と言うだけではなく、「この方法だと、無理なくダイエットができ、運動する時間があまりないB君にも最適だよ」と、相手が何を望んでいるかを考えながら説明します。

015

型③ 「伝える前」によく聞く

伝えることだけでなく、相手の話を聞くことも重要です。相手の意見を聞くことで適切に対応することができます。

友人が悩みを打ち明けてくれたとき、ただアドバイスをするのではなく、「え〜

それは大変だったね」「それは、本当につらいね」と共感しながら、相手の話をよく聞くことが大切です。

016 「伝える手段」を使い分ける

親密度を上げるため、部下を連れて行き交流を深めるためなど、明確な目的があれば別ですが、忙しいのに面会しに行く、相手の会社に訪問する、もしくは呼び出して相手の時間を奪う。一人でいいのに大勢で行くなど、時間効率的な観点からも問題があります。

先方も歓迎していれば別ですが、忙しい午前中に突然の訪問で仕事の邪魔をされることを嫌う方もいます。会いに行ったほうが効果的なのか、メールで済む要件なのか、見極める必要があります。

メール、チャット、LINE、メッセンジャー、対面、電話、ファックス、手紙……さまざまな伝達手段があります。**状況に応じて、最も効率的なコミュニケーション手段は何かを意識して考え、選択することが、業務効率の向上につながります。**

状況に応じて最適な伝え方を選ぶことが、時間を有効に使い、生産性を高める鍵にもなります。

017 面会のほうが速い場面

会社で、簡単な質問や確認事項でもメールを利用する人がいます。

例えば、隣の席にいる同僚と、スケジュールの確認をメールでする。直接話せば数秒で済むのに、メールの送受信で時間がかかってしまう、また言葉足らずで誤解が生じて時間がかかる。

このようにメールやチャットにこだわる人がいます。

確かに証拠が残るなど、メリットはあります。受信する側は、タイミングの良いときに見ることができるので、仕事のリズムを崩さずにすみます。

しかし、**メールやチャットにこだわりすぎるあまりに、本来なら電話や対面で話せばすぐ解決できることなのに、話をこじらせる場合**があります。

特にクレーム対応。お客様が怒っているのに、メールで対応しようとする。その結果、時間ばかりかかり、しかも慌てて書いた文章が先方に誤解される。稚拙《ちせつ》な文章で余計に怒らせてしまい、火に油を注ぐ場合があります。

「電話連絡をさせて頂く」とメールで伝え、電話で対応し、すぐに直接上司と謝りに行くことで、より速く解決することができます。

018 メールのほうが速い場面

逆にメールで送ればいいのに、面会にこだわる残念な場合もあります。

別の部署の社員が、ちょっとした報告や相談のために、わざわざ相手のオフィスまで足を運び、雑談までしていては業務に支障をきたします。短い内容なら電話一本で済むにも関わらず、時間を取って移動し、相手の作業も中断させてしまいます。お互いの時間をムダにし、効率的な作業を妨《さまた》げる原因にもなります。

ある部門のリーダーは、報告書の提出期限

や小さな指示など、簡単な連絡事項も直接部下のデスクを訪れて伝えます。メールで一斉送信をすればすむ内容を、一人ひとり訪問することで、非効率な時間が生じています。人によってニュアンスの違った伝え方になったり、伝え漏れが発生し、「言った、言わない」という話になったりする危険もあります。

019 伝え方の「使い分け」

人間の欲求は、5段階で構成されていることをあらわしたアブラハム・マズローの唱えた「**マズローの欲求5段階説**」。

5大欲求は、1段階目が生理的欲求、2段階目が安全の欲求、3段階目が社会的欲求、4段階目が承認欲求、そして最後の5段階目が自己実現の欲求になります。

それぞれの欲求の特徴をみていきます。

●生理的欲求（1段階）

人間が生きていくうえで必要な、本能的、基本的な欲求のことです。

例えば食欲や睡眠欲などがこれに当たります。動物の場合は、生理的欲求が満たされれば、生命が維持されるため満足します。しかし、人間は、生理的欲求が満たされると、次の段階の欲求を満たしたいと考えます。

●安全欲求（2段階）

安全に過ごしたい、身の危険を感じることから脱したい。心身ともに健康でかつ経済的にも安定した環境で暮らしたいという欲求です。

乳幼児は安全欲求が満たされることを求めますが、成長するにつれ、次の段階へと進んでいきます。

●社会的欲求（3段階）

集団に属したり、仲間と一緒にいたい欲求です。「所属と愛情の欲求」といわれることもあり、家族や友人、会社から受け入れられたいという欲求です。

●承認欲求（4段階）

他者から認められたいという欲求です。SNSの普及により、最近ではよく承認欲求を満たしたいという言葉を耳にします。人から尊敬されたいという欲

マズローの欲求5段階説

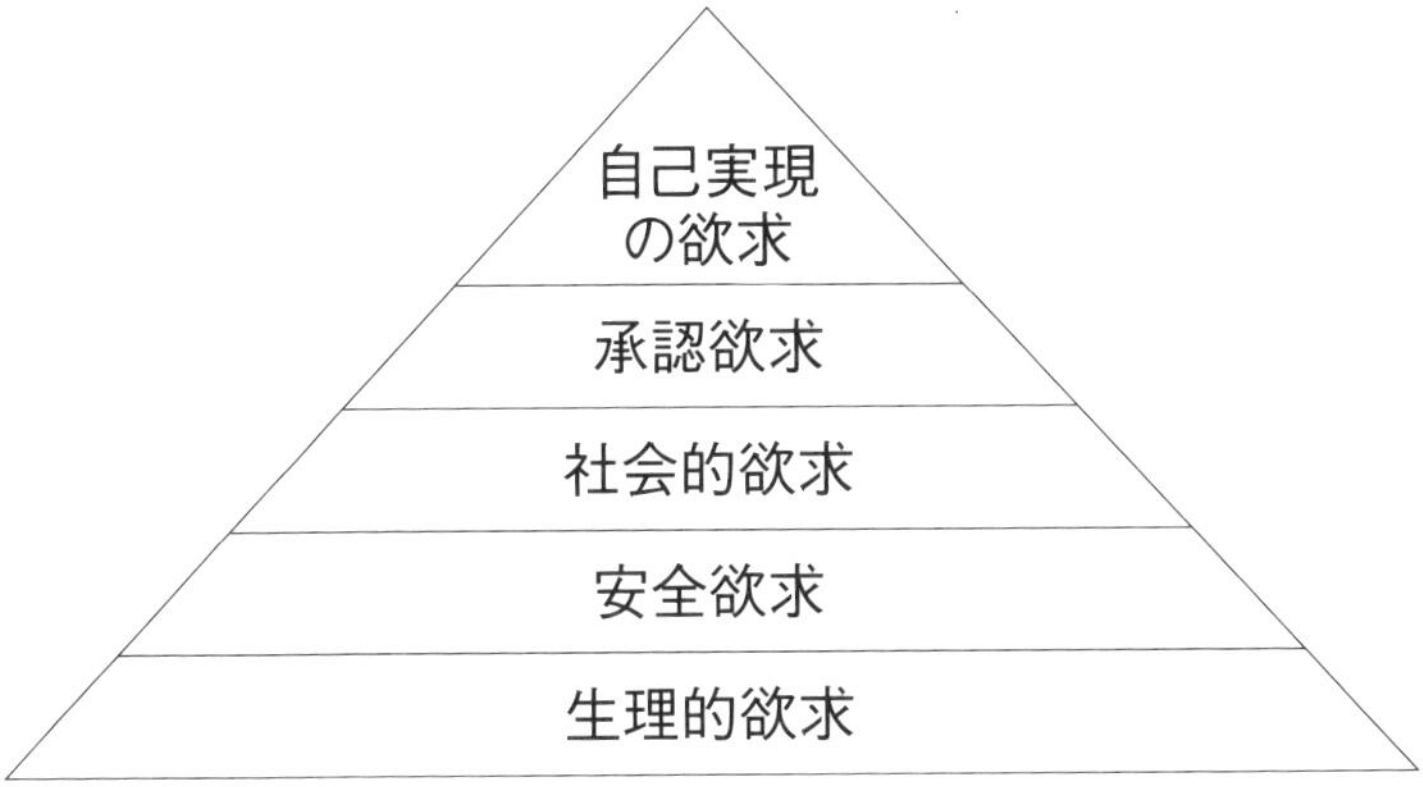

求から、「いいね」が欲しい、コメントや返信が欲しいという欲求にも表れています。

●自己実現の欲求（5段階）

第1段階から第4段階まで満たされたあとに訪れる最終的な欲求です（ただし、マズローは晩年、自分のエゴを超えたレベルでの理念の実現という6段階目の欲求「自己超越の欲求」が存在すると言っています）。

ここで大切なのは、**伝える相手がどのような欲求段階にあるか**です。

例えば、「会社を辞めたい」と言っている社員を引き止めたい場合にどんな言葉をかけたらいいかを考えてみます。

新入社員で、まだ貯金がない、借金があって返済したい、新婚で経済的な安定を手に入れたいなどの場合は、「生理的欲求」や「安全欲求」を満たしたいと考えています。

社員とのコミュニケーションを取りたい、相談する相手が欲しい、仲間と一緒に高みを目指したいという人は、「社会的欲求」を満たしたいと考えています。

昇進したい、出世したい、スキルアップ、キャリアアップしたいという人は、「承認欲求」を満たしたいと考えています。

独立したい、政治家になって世の中を良くしたいと思っている人は、「自己実現の欲求」を求めています。

020 「相手の欲求」に合う伝え方を選ぶ

SNSのコメント欄に、ソフトバンクの孫正義氏や、ファーストリテイリングの柳井正氏のことを、

「一生遊べるだけのお金を手に入れているのに、いまだに働いているなんて、もし

かして、この人たちは莫大《ばくだい》な金を持っていることを気づいていないのか（笑）」

というコメントがありました。

コメントをした人自身は、まだ生理的欲求が満たされていない人で、自己実現の欲求や自己超越欲求を満たしたいと思っている人と、欲求の度合いが違うことに気がついていないのでしょう。

相手が、どの段階の欲求を満たしたいかによって、伝える内容も変わることに注意しなければなりません。

いま結論を出す

021

「お互いの伝え方の違い」を利用する

伝える時間がかかる最大の原因は、お互いの伝え方の違いにあります。

例えば、詳細説明から話し出す上司と、結論から聞きたい部下の場合。

上司が詳細な説明から話しはじめ、そのあとに目的、背景、戦略を語り出し、結論を先延ばしにして伝えてしまうタイプ。

一方、部下は、今すぐ何をすれば良いのかを求めているタイプ。

部下は、上司の話を真剣に聞いていても、何が最重要なのかを見極めるのに苦労します。

仮に、上司が結論から話すタイプで、部下が詳細説明から話すタイプなら、部下に対して「結論から先に話しなさい」と指導し続ければよい話です。しかし、逆の場合は、部下から「結論は？」とは、聞きづらいものです。

では、どうするか？

大変ですが、部下は、上司に質問を投げかけるなど、結論へと導く努力が必要になります。

022 「いつ、どこで、誰と、何を」質問で結論に導く

上司からの不明確な指示は、部下にとって混乱の原因になります。

言葉足らずの上司も同じです。

上司が「この企画書をもっと良くして欲しい」と言うだけだと、部下はどのように改善すれば良いのか、どの程度までのレベルを求められているのかを理解できません。

本来は、上司が具体的かつ明確な指示を出す必要があります。

「この企画書は、9月21日水曜日の15時までに提出してほしい。最新の市場調査を300件以上取り入れ、近隣住民へのアンケートを行い……」

と指示することで、部下は具体的な行動計画を立てることができます。

それができない上司の場合、**部下側から、「いつ、どこで、誰と、何を」と聞き出していく。**積極的に質問をし、疑問点をひとつずつ潰していくことが重要です。

023 話の途中で「方向性」を確認する

反対に、一度に伝える情報が多すぎる上司もいます。

情報量が多いと、部下は重要なポイントを見失います。プロジェクトの目的、背景、戦略、日程、関連するすべての業務について、一気に説明すると、部下はどの情報に注目すべきか分かりません。

上司は情報を段階的に伝えたり、**長くなるからメモを取るように指示をする。**

各ステップで部下の理解度を確認するために、疑問点はないか聞く。

部下も方向性があっているか復唱して優先順位などを確認する。

上司は部下が情報を理解しているか心配に

なります。「ここまで進んでいます。方向性はあっていますか」、「これで大丈夫ですか？」といった言葉を返すことで、お互いの理解度を確認できます。

024 「伝える順番」を変えて、結論を操る

「資格の大原」で、日商簿記3級の授業を受け持っていたときは、最初に5分ほどのミニテストを行います。前回行った授業の最重要なところだけをまとめて試験形式で出題します。最初に示した情報が、もっとも記憶に残るため、授業の最初に要点をテストにして、覚えてもらうためです。

これを心理学では、**「初頭効果」といい、最初に示された情報がもっとも印象に残りやすい現象**をいいます。

何かを伝えるときも、最初に大事な要件をもってくる。出された情報の順番によっても印象は変わってきます。

アメリカの心理学者、ソロモン・アッシュは、Aさん、Bさんをそれぞれ、以下のような性格と紹介しました。

Aさん：知的→勤勉→衝動的→批判的→頑固→嫉妬深い
Bさん：嫉妬深い→頑固→批判的→衝動的→勤勉→知的

あなたは、どのような印象を持ちましたか？

どちらの人と仲良くなりたいですか？

実験の結果では、大多数の人が、Aさんに良い印象を持ち、Bさんには悪い印象を持ちました。しかし、**順番を逆にしただけで、どちらも同じ特性**なのです。

初頭効果を応用すれば、最初によい情報を伝え、印象をよくすることも可能です。

そしてもうひとつ。

アメリカの心理学者ノーマン・H・アンダーソンによって提唱された**「親近効果」**。これは、**最後に与えられた情報が、印象や判断に強く影響する現象**をいいます。

授業の最初にミニテストを行うといいました。

終わりには、今日の授業の重要ポイントを10分弱で振り返ります。「親近効果」を利用して、記憶の定着に繋げるのです。

同じ時間の使い方でも、最初と最後が重要なのです。

あなたも、**どの順番で伝えるか、伝える前に考えてみてください。**

025 候補を絞る

得意先に「面談の日程、お時間のあるときにお願いいたします」と相手を気遣った発言は、かえって逆効果なのです。

人は選択肢が多いと選ぶことができない。それなら、「10月の3日から7日までの9時から15時の時間でお願いできないでしょうか」と、選択の幅を狭めてあげたほうが選びやすくなります。

もしくは、「10月の3日から10日までの間で3、4候補あげて頂けませんか」と言えば、空いている日を探しやすくなります。

私は、優先順位の高い仕事は、集中力のある午前中に行いたいので、面談は集中力が切れてくる13時半がちょうどいいタイミングです。そのため、「10月3日から7日の13時半から15時が空いております」と連絡をします。そうすることで相手も選びやすいし、私自身も都合のよい時間に面談ができ、一石二鳥なのです。

026

「選択肢が多い」と人は決められない

人は選択肢が多すぎると、かえって決めることができなくなります。

コロンビア大学のシーナ・アイエンガーが提唱したジャムの法則。

スーパーマーケットに買い物に来たお客さんに、ジャムの販売をしました。

Aのグループには24種類のジャムの試食販売、Bのグループには6種類のジャムの試食販売を用意しました。

結果はどうなったか？　Aのグループでは、100人中60人の人が試食をし、試食後に購入したのは、たったの3名。

一方、Bのグループでは、試食した人

は、１００人中40人とＡのグループより少なかったものの、試食後に購入した人は30人。なんと10倍にも達したのです（実験結果は割合ですが、分かりやすいように人数にしました）。

苦労して24種類のジャムを開発しても、６種類のジャムに負けてしまったのです。繰り返しになりますが、人は選択肢が多すぎると、かえって決めることができなくなります。

伝える不安を消す

027
「不安なこと」をノートに書き出す

「うまく伝わらなかったらどうしよう」

「話が飛んだらどうしよう」

「緊張して声が震えたらどうしよう」

心配事で頭がいっぱいになり、最初の一歩が踏み出せない。

でも、落ち込まないでください。人は心配して当たり前なのです。


ネガティブな気持ちになったら、私はこうしています。

「その気持ちを視覚化する。心配事をノートに書き出してみる。頭のなかだけで心配していたことを外に吐《は》き出してみる」

ノートに書き出してみると、失敗しても意外とたいしたことではないと気づき、深層心理に眠る**「行動する恐怖」を払拭《ふっしょく》することができる**のです。

028

「不安の問題点」を見える化する

スピーチやプレゼンでは、うまく話せるだろうかと心配になることもあるでしょう。そんなときは、ネガティブな気持ちになった、その気持ちをノートに書いて視覚化する。そうすると、

「この話は自分の得意分野で誰よりも詳しいから堂々と話せる。以前の発表のときも、自分では緊張していると思っていたけど、周りの人からは落ち着いていたと言われた。声も震えていなかったから大丈夫」

「前回、話が飛んだらどうしようと思い、ポイントだけメモを書いていた。結果、何も見ずに話せた、今回もお守り代わりにメモを持っていこう」

「練習すればするほど、緊張しなくなる。練習に励もう」

このようにノートに書き出すことは、視覚化し、問題点を洗い出し、心配事を払拭し、自信を持ったスピーチをする第一歩になるのです。

029

ノートに書くことで、「頭の整理」をする

他にも、ノートに書き出す効果はあります。

相手の話の要点をメモすることで、**頭だけでは処理できないことが補足され、情報が整理**されます。

メモを取る姿を見せることで、相手には話を真剣に聞いてくれているという信頼感も生まれます。

030

ノートに書くことで、「今」に集中する

話を聞いている途中で、色々なことが思い浮かびます。「そう言えば銀行にメールの返信をしないと」「課長に言われた仕事を片づけないと」「ポストに書類を投函するんだった」……そんなことを思い浮かべながらだと、目の前の人の話に集中できません。

そのため、気になることはノートに書き出す。話している途中でも、その人の話

をメモしている感じで書けば、気づかれません。

書き出すことで目の前にいる人の話に集中することができます。

031 「早い確認」をする

書籍を執筆しているときは、提出期限ギリギリまで粘り、素晴らしい作品にして、編集者を驚かせようという気持ちになります。

しかし、出版企画書を提出していても、著者が書きたい内容と、編集者が求めている内容が違う場合があります。

分かりやすく大げさな例をあげると、30代向けに勉強法の本を書いていたら、定年後に勉強したい人向けの本を編集者が求めていたり、受験生用の合格テクニックであったり、主婦向けの自宅で学べる勉強法を求めていたら、書き終えた後は大変なことになります。

約8万字書いた原稿のかなりの部分を書き換えたり、1章、2章分がカットされたりという惨事にもなりかねません。

そのため、著者としてやらなければならないことは、**途中経過を伝えて、方向性が合っているか何度もすり合わせを行うこと**です。こんな形で進んでいますが、方向性は間違えていませんかと確認すること。そうすることで、ミスを回避し、間違えた方向性の作品を作らずにすみます。

- **上司が仕事を依頼して、部下が提出する**
- **お客様が要望して、提案書を作成する**

何のトラブルもなければすむ話です。しかし、締め切り期限ギリギリに提出してやり直しや追加の注文、的外れな提案になっていることがあります。

聞き違いや、思い込みで仕事をしていて、提出したときには方向性の違う状況になっている場合もあります。

032

お互いに仕事を「共有する」

まずは、お互いに仕事を共有することが重要です。

仕事を依頼するときやされたときは、まずは完成形のイメージを共有する。どのような方向性で、どのような期間で、どのような目的で作成するかを決めておく。進み具合を確認し合う。

また、最初から巻き込むことで再提出する機会が減ります。上司に途中経過を報告し、「このような方向性で合っていますか」と相談すると、完成したものに対する違和感が減っていきます。

お客様に対しては、より完璧なモノをお渡ししたいと考えがちですが、進み具合を伝えることでお客様も安心するし、完成予定日の目星もつくし、何よりも**この商品を一緒に作っている仲間意識を持つ**ようになります。一緒に作っていると思うと断りづらくなりますよね。

お客様には、完璧なカタチで提出するほうが良いと思いがちですが、実は途中経過を伝え、一緒に作っている気持ちにさせたほうが良いのです。

033

「完璧じゃなくていい」と考える

完璧主義を止めるべきです。

少し大きな話をすると、日本の教育制度は完璧主義、100点の人が認められます。子どもも満点を取ろうと頑張ります。

子どもたちは、小学校のころから、いえ下手をしたら幼稚園のころから、満点を取る競争にさらされています。

小中高そして大学と、満点主義のまま、就職するとどうなるのか？　**完璧な仕事をすることが認められることだと勘違いしてしまう**のです。上司へのレポート、お客様に提出する提案書、内部資料、完璧に仕上げてから提出しようとします。しかし、社会に出ると時間という制限があります。限られた時間で成果を出さなければならないのです。

高学歴な人やヤル気のある真面目な人ほど完璧を極めようとします。

完璧に仕上がるまで報告、連絡、相談（ホウレンソウ）しないことによって、ム

ダも増え、業務も滞ることになってしまいます。

034

大きく息を吸って脳に酸素を送る

話は変わりますが、少しでも不安や緊張から脱出するには、どうすればよいか。緊張をとくテクニックをお伝えします。

当然、あなたは呼吸をしています。しかし、緊張している状況では、エベレストの頂上にいるかのように空気が薄く感じてしまいます。**大きく息を吸って脳に酸素を送り込むイメージで腹式呼吸をしましょう。**

今、この文章を読みながら、深呼吸しましたよね（笑）、人は意識しないと深く息を吸い込まないのです。

035

「気分が高まる曲」を聞く

格闘家が入場するとき、音楽が流れます。気分を高揚させ、「自分は勝つ！」というイメージが湧いてきますよね。あなたも、自分の好きな曲を聞いて気分を高めてください。

個人的には、意味の分かる日本語ではなく、感覚に訴える曲がいいと思います。ただし好きなアイドルに応援してほしいとか、この曲なら盛り上がるというものなら日本語でもかまいません。基本的には、あなたの気分が高揚すればいいのです。

ちなみに、私は、「フランス映画ＴＡＸＩのテーマ曲」（The Black Eyed Peas - Pump It）を、毎朝仕事をはじめる前に聞いています。

036

「落ち着くアイテム」を持ち歩く

試験前にリラックスするアイテムを用意する。子どもやペット、パートナーの写真など。癒されるものなら何でも良いです。または、お守りを持参し、握りしめるのも効果があります。

ほかにも、自信のない自分を払拭するために、ネクタイや靴、小物、なんでも構わないので、高級なものを身につけていると自信につながります。

037 チョコっとチョコレート

脳にとって唯一の栄養素がブドウ糖と言われています。米やパンにも含まれていますが、昼休みならまだしも、スピーチ会場で弁当箱を広げて御飯を食べるわけにはいきません。そもそも食べられるぐらい強心臓なら緊張していない証拠です。

ここは少量でも速攻で脳に伝わるチョコをチョコっと食べて挑みましょう。

緊張して当たり前。

緊張しているということは、そのことに向き合い、頑張っている証拠です。

038

スイッチを入れて「別人」になる

私は20代のころ、人見知りがひどく、アガリ症でした。

人前で話すなんて、とんでもない話。そんな自分を変えようと、「人前で自信を持って話すためのセミナー」など、さまざまなセミナーに参加しました。

おかげさまで、話し方のテクニックなど教えていただき、勉強になりました。しかし、本来の性格である人見知りとアガリ症が完全に治ったわけではありません。

今でも人見知りだし、4、5人でカラオケボックスに行ってもほとんど歌いませんん……というより、歌えません。

しかし、今の私は、たとえ500名の前で講演をしても緊張しません。

なぜ、人見知りでアガリ症の私が、500名の前で、堂々と話ができるのか？

それは、**「堂々と人前で話ができるカリスマ講師に変身する」というスイッチ**を入れているからなんです！

039

「スイッチを入れるアイテム」を用意する

専門学校で日商簿記の授業をするときも、「自分はカリスマ講師なのだ！」というイメージのスイッチを入れているので、堂々とふるまっています。

しかし、その翌日、コンビニエンスストアで、前日の受講生とバッタリ会ってしまったら大変です。スイッチをオフにしている普段の自分なので、オロオロするばかり。

「本当に昨日教えてくれていた先生ですか？」と不思議そうな顔をされます。

・教室のドアを開けた瞬間から、合格率ナンバーワン簿記講師
・ステージに立つ前にネクタイをきゅっと結んだ瞬間から、最高の講師
・靴ひもを結び終わった瞬間から、最強の講演家

ほかにも、外用の眼鏡から遠近両用の眼鏡にかけ替えたとき、プライベートから仕事モードに切り替えるスイッチを入れています。

あなたも、コーヒーを飲みほしたとき、ガムを噛み終わったとき、指サックをしたときなど、何でもいいのでスイッチを入れる手段を用意してみてください。

040

ひたすら練習で緊張を払拭する！

「緊張して当たり前」、「スイッチを入れる」などのお話をしましたが、大前提にあるのは練習です。

事前の準備や練習を入念に行う。私が「資格の大原」で、はじめて受講生の前で話すときは、何度も何度も練習しました。

初回3時間の授業に対して、80時間は練習しました。空いている教室を借りて声に出して3時間分の授業を何度も行いました。原稿も作りました。

「はい、それでは、第1回日商簿記3級基礎講座を開講いたします」と、ドラマの台本のように話し言葉を文字起こしして作りました。

声に出して練習すると、黙読では気づかなかった違和感を見つけることができます。声に出し、受講生に話しかけるイメージで練習しました。

041

「練習中のミス」は気にしない

練習中は原稿と違う言葉を発してしまっても、気にせず続ける。「30ページを開いてください」でも「30ページの練習問題を見てください」でも、受講生にとっては、どうでもいいことです。

原稿は用意したが、その通りでなくても影響ないということを声に出して読むことで確認することができます。

042

話す練習は、「人前」でもする

できれば、人前で練習することをお勧めします。

私は同期の講師や、先輩講師の前で練習会を行いました。それによって声の大きさ、間の取り方、話すスピード、アイコンタクトなどの指摘を受け、プレゼン能力があがりました。

結婚披露宴でのスピーチ、商談、就職の面接も同じです。

声に出して練習する。できれば人前で練習する。

本番は立って話すのか、座って話すのか、会場のレイアウト、ホワイトボードを使う、パワポを使う、資料を見て話すなど、実際の状況と同じにして練習をするのが一番です。

コラム

緊張して当たり前

緊張って、どこからくるのでしょうか。

なぜ、人は緊張するのでしょうか?

人生を左右する就職の面接、難関な資格試験、会社の未来がかかっているお客様との商談、参列者が300人いる結婚式でのスピーチ、社長も出席している会議での発表……緊張する場面を思い浮かべると、脅威、不安、恐怖などを感じたときですよね。緊張し、心拍数や血圧が一気に上がりそうです。

緊張しないようにしようと思っても、意識すると緊張してしまいます。

しかし、このような場面では**緊張して当たり前**なのです。

商談のような仕事での成功、会議の発表や上司への報告によって昇進、昇給、キャリアアップの可能性があります。就職、転職の面接はこれからの人生が決まる場面です。

緊張しないわけがありません。緊張して当たり前なのです。

資格試験を例にとると、誰でも受かるような難易度の低い試験、合格率の高い試験なら緊張しません。

また勉強不足で落ちるのが分かっている試験でも緊張しません。司法試験や公認会計士の試験など難易度の高い試験では、受験の願書を提出したけど勉強が追いつかず、次回に照準を合わせて、会場の雰囲気や試験の流れだけを知るために受験することがあります。このことを記念受験ともいいます。

税理士試験は2時間の試験時間ですが、途中退出が認められている1時間後になると退出する人がいました。実は私も一度、記念受験をしました。

どうだったか？

まったく緊張しませんでした。「はじめ！」の号令から5分たったら、頬杖ついて計算用紙にドラゴンボールの落書きをし、ペンをクルクル回して1時間たったら速攻で出て行くパターンです（現在は、税理士試験で途中退出は認められていないようです）。

一方、翌年の試験では緊張しました。1年間、毎日14時間以上も勉強し続け、冠婚葬祭を断り、この1日に賭けているのです。緊張しないワケがありません。

緊張は、一生懸命がんばったから緊張するんです。緊張している人のなかから、合格者をはじめ成功者は生まれます。

第2章

伝える準備

—伝える前から勝負は始まっている！—

イントロダクション

あなたの目的は何ですか？

以前の上司の話です。取引先に値引き交渉に行き、言いたいことだけ言って帰ってきていました。

「どうでした？」と状況を聞くと、会社の実状を伝え、利益率が下がっていること、人件費が上がっていて大変な状況だということを話し、先方も同じ状況で結局、「お互い大変だね、がんばろうね」、で交渉は終わるのです。

相手のほうが何枚も上手でした。

値引きという目的は、叶わずに帰ってくるのです。

この場に何をしに行ったのでしょう？

相手の間違えを指摘しに行ったわけではありません。

値引きのお願いに行ったのです。

正しいことを言ったから、議論で打ち負かしたから、論破したから、そんなことはなにも偉くないのです。**どのような目的を達成したいのかを考えて行動しなければなりません。**

『人を動かす』『道は開ける』などの名著を残したデール・カーネギー。

このような言葉を残しています。

「相手は間違っているかも知れないが、彼自身は、自分が間違えているとは決して思っていないのである。だから、相手を非難しても始まらない。非難は、どんな馬鹿者でもできる。理解することに努めなければならない。賢明な人間は、相手を理解しようと努める」

あなたも相手に伝えるときは、何が目的かを考えてみてください。

打ち負かすわけじゃないですよね。

目的が分かれば、伝え方も変わってきます。

そして、伝え方が決まれば、そのための準備も決まります。どうすれば伝わりやすい状況、方法にもっていくことができるのか。そのコツをこの章ではお伝えします。

用意する

043 とにかく、決めておく

株式会社「上司の魔法」の代表でカリスマ講師の黒岩禅氏《くろいわぜん》。

「『決めておくこと』で、なりたい自分になれ、伝えるスピードも速くなる」といっています。

会社員だった当時、「黒岩さん、申し訳ありません！　お客様を怒らせてしまいました！　どうしましょう」と部下から泣きつかれたら、こう答えると決めていたそうです。

「大丈夫だ！　俺に任せておけ！　しかし、ひとつだけ言っておく。これを解決しても、俺に惚《ほ》れるんじゃないぞ！」

このセリフを決めておくことで、本来ならイヤなクレーム対応でも、遅れずに動くことができます。それどころか、このフレーズを言いたくて「はやくクレームこないかなぁ」って不謹慎なことまで考えていたそうです。

044

「発生前」にシナリオを決める

とはいえ、クレーム対応は、イヤなものです。答えやゴールが見えていない、あるいはない。つまりシナリオがない。十分に対応しても「誠意を見せろ！」と言われることもある。

そんなときも、黒岩さんは決めていたそうです。

まずは、「申し訳ございません」と頭を下げる。お客様が、「頭を上げろ」と言うまで下げていると決めています。

「これが、私どもの誠意でございます」と話をします。そうすると、なぜかお客様のセリフまで決まっているそうです。

「気持ちは分かった、しかし、それでは納得できん」

「さようでございますか、それでは、どのようにすればよろしいですか？」

ここでもお客様の台詞が決まっている。

「それを考えるのがお前の仕事やろ！」

そこで、「申し訳ございませんでした」と再度、頭を下げて「これが私どもの誠意でございます」と繰り返す。

回数も3回と決めていて、3回繰り返しても解決できなければ、「今日の所は一度持ち帰らせて下さい」と伝えると決めているのです。

こんな風に**シナリオを作って決めておくとクレーム対応も速い。そして、機械的に行うだけなので心が軽くなる**そうです。

045 状況別に「使えるセリフ」を決めておく

約束を忘れる人もいます。

ここでも黒岩さんは決めているそうです。相手に電話をすると、

「あ！　今日でしたよね……申し訳ありません！」

と、ややパニック気味に謝ってくる。

「いやいや、こちらこそごめんね。昨日連絡しておけば良かったね！」

これを言われた相手は黒岩さんの大ファンになってくれ、黒岩価格というものができたりするそうです。

このセリフを言いたくて、「今日のアポイント、すっぽかしてくれへんかな」って思ったりするそうです（笑）。

決めておくことで、伝えることが速くなり、仕事も片づいていく。ストレスも軽減でき、対応も速くなる。

あなたも普段から決めておくことをお勧めします。

046 「身の回りの整理」をする

あなたは、整理整頓と伝え方、何の関係があるのかと思うかもしれません。

しかし、机がゴチャゴチャの人は、頭のなかもゴチャゴチャしています。

デスクトップにあるファイルやフォルダを整理できていない人は、頭のなかも整理されていません。

さらに、机の上が整理されていないと、電話応対をしたときにメモ用紙が見つからず、仕方がないので机にある書類の裏に書くことに。大抵は、どの書類の裏に書いたか分からなくなり、上司に要件を伝えられないという事態にもなります。

書類が整理されていないので、必要なときに必要な書類を取り出せず、先輩への報告が遅くなる。

このように**整理整頓できない人は、伝えること自体も遅くなる**のです。

整理整頓をすることで、精神的にも物理的にもスッキリしましょう。

047

年間150時間の無駄を削る

年間150時間。

ビジネスパーソンは、この時間を何に使っていると思いますか？

勤務中に「探し物」をしている時間なのです（大塚商会調べ）。

企画書がない、オレンジの蛍光ペンがない、定規がない、保存したはずのファイルが見つけられない、電話を掛けようとしたらメモ用紙がない……生産性がまったくない「探す」という行為に、多くの時間を費やしているのです。

年間勤務日数が250日だとすると、**1日平均36分も探し物をしている**計算になります。そればかりか、前述したとおり、モノが溢《あふ》れていると、頭のなかまでゴチャゴチャになり、うまく伝えることができません。

048

「整理→整頓」の順番で片付ける

私も20年前までは、探し物に時間を費やしていました。しかし、今では、物を探すことは、ほとんどありません。断捨離系のビジネス書を読み、実践したためです。事務所にある備品類、机やパソコンのなか、書棚の書類などから不要な物は徹底的に整理し、残った物を整頓していきました。

製造業で提唱されている5S（整理・整頓・清掃・清潔・躾《しつけ》）。

要らないモノを処分する＝整理

要るモノを使いやすく配置する＝整頓
身の回りを綺麗にする＝清掃
綺麗な状態を維持する＝清潔
これらを習慣づける＝躾

特に注意するのは整理と整頓です。

「整理」とは、必要な物と不要な物を分け、必要な物だけを残して不要な物を捨てることです。「整頓」とは、整理して残った必要な物をいつでも誰でも取り出すことができるように、探しやすく配置することです。その意味からすると、正しい順番は整理をしてから整頓をする。つまり、**不要な物をすべて捨ててから、必要な物を探しやすく配置する**順番になります。

049
目標は「ミニマリストの部屋」

テレビの報道番組でゴミ屋敷の様子が放送されることがあります。家の中はゴミで埋め尽くされ、足の踏み場もない。

そんな光景を見ると、使わない筆記用具、インクの出ない蛍光ペン、大量のメモ用紙、忘年会で撮った色あせた写真、飛び込み営業からもらった折れ曲がった名刺、何個もある丸くなった消しゴム、電池の切れたストップウォッチに柿の種の袋の切れ端など、何でもごちゃごちゃに入っていた20年前の私の机の中を思い出します。

一方、ゴミ屋敷とは対極に位置するところにミニマリストの部屋があります。ミニマリストとは、不要な物を徹底的に排除して必要最低限の物しか置かない人のことをいいます。テレビに映し出されたミニマリストの部屋には、机、イス、寝具用マットだけ。すべてたたむことができるため移動したり、しまったりするのも簡単で、木目調の床が際立っています。持ち物もノートパソコンに、数着の衣類のみとシンプルです。

「ミニマリスト　画像」でネット検索してみて下さい。想像以上に何もない部屋が何枚もアップされています。

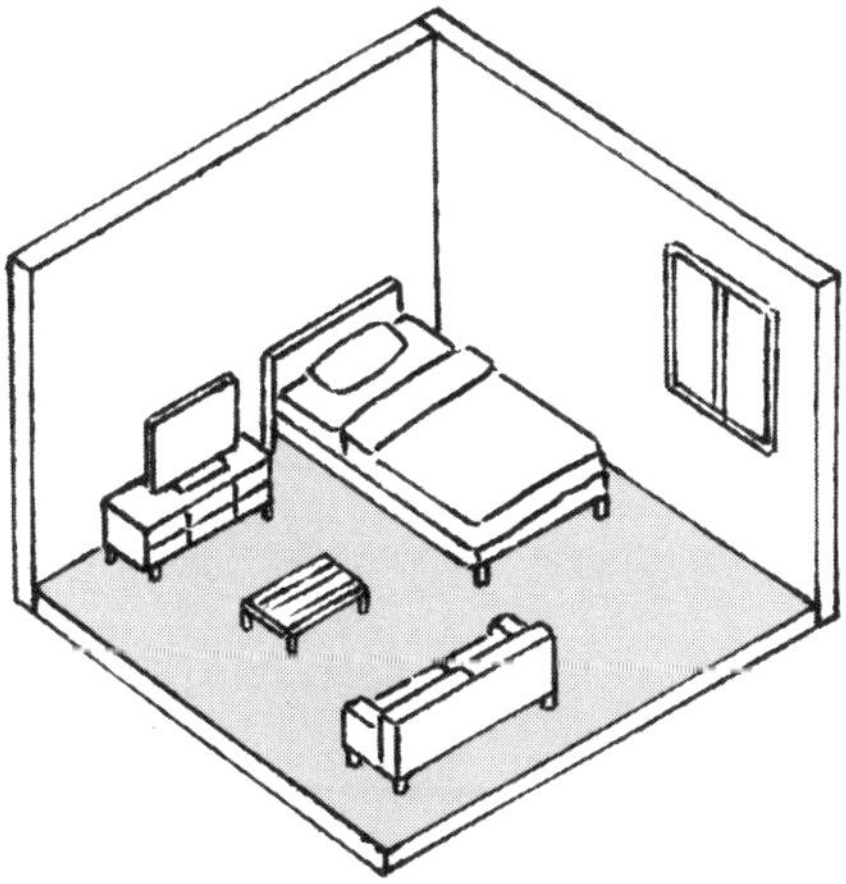

「伝えやすい空気」をつくる

050 「伝わりづらい状況」を知る

「なんでこんなこともできないんだよ！」

「これだけ詳しく話しても、伝わらないのか？」

「そもそも話を聞いているのか？」

私が一般社員のときに言われていた言葉です。

しかし、そもそも、上司が高い地位にあるのは、部下より秀でているからです。

だからこそ、高い給料をもらえています。同じレベルなら指導する必要もありません。

上の立場の人は、部下の目線でどのように伝えたら、伝わるか、もしくは、どうしたら伝わりづらいかを考えてみる必要がありますよね。

例えば、こんなことがあるかもしれません。

①伝え方に具体性がなく、抽象的で2つ以上の考え方が発生
②一度に多くの指示があり、優先順位がつけられない
③威圧的な態度になってしまい、部下が聞き返しづらい雰囲気がある

051

話し方が下手だと、「余計な時間」がかかる

以前の上司は、威圧的で不機嫌が顔に出るタイプでした。活舌が悪く、話が聞き取りづらく、二度聞いても分からないときは、三度目は聞けない雰囲気でした。そのため、何を言っていたのかを予想しながら依頼された仕事をしたため、余計な時間がかかり、違う方向性の仕事をしてムダな時間を過ごすこともありました。

独り言が多い先輩もいました。プロ野球の世界では、ストレートなのかカーブなのか投げ方が一緒で見分けがつかないのはいい投手ですが、その先輩は独り言なのか話かけているのか見分けがつかず、独り言に返事をしてしまったり、逆に話しか

けられているのに無視をしてしまったりで大変でした。何より集中力が切れ、仕事のリズムもつかめませんでした。

052

とうとう上司にキレた先輩

会社を移転するときに、リースで借りていた電話を返して、新しい電話にすることにしました。

上司に指示された先輩が担当していました。

「斬新な色とかないかな」と上司に指示され先輩が探していると、「やっぱりお客様の目もあるからノーマルな白がいいかな」と白い電話機を探してくると、「ほかの電話会社でもっと安いとこはないの」、「そもそも人数分の7台いるの」、「やっぱり購入よりリースかな……」。

次々と指示が変わる上司に向かって、「もうスマホで対応するので固定電話はいりません！」と先輩はキレてしまいました。

電話探しの仕事のみではないのです。ほかにも仕事を抱えながら引っ越しの準備をしなければなりません。気まぐれで指示を出されても困りますよね。

053

「自分ならどうするか」を考える

過去の上司を思い出し、私自身も伝え方について気をつけるようにしています。

- **抽象的な指示から、具体的な指示に変える**
- **ワンメッセージで伝え、そして理解できたか本人に復唱してもらう**
- **聞き返しやすい雰囲気を作る**
- **ある程度、方針がまとまってから指示を出す**

自戒《じかい》を込めて、相手の前に自分はどうかを考える必要があります。

054

身振り手振りで「いい空気」をつくる

心が通い合うリラックスした関係や深い信頼関係を心理学用語でラポールといいます。

心が通い合うためには、**会話だけでなく、身振り手振り、視線のやり取り、表情、声のトーンなども効果的に使う**必要があります。

例えば、相手が話しているときに目を見て聞き、相手の感情を反映した表情を見せることは、信頼関係を築くうえで効果的です。

ラポールは、本来は心理療法の分野で、カウンセリングで対話を重ねるうちに、互いに信頼し合い、感情の交流が自由にでき、心理療法を円滑に進めることを目的にしていました。しかし、この原則はビジネスや教育、日常生活のあらゆる人間関係においても同様に適用されます。

良好なラポールによって、リラックスし、自分自身を表現しやすくなります。

これは、チームワークの向上、顧客サービスの向上などに効果的です。営業パーソンが顧客と良好な関係を築ければ、顧客は商品やサービスにも好感をもち、結果、販売の確率が高まります。

055

相手のしぐさや行動を「マネ」する

では、どのようにして良好なラポールを形成していくのか？

それには、ミラーリングが役に立ちます。ミラーリングとは、その名のとおり**鏡に映った自分のように、相手のしぐさや行動を真似すること**です。

尊敬する人や好感を持つ相手と、つい同じ動作をしてしまうことってありますよね。ミラーリングは、憧《あこが》れや好意があって真似していることですが、**真似された相手も徐々に好感をもちはじめ親近感がわいてくる**のです。

「出身高校が一緒」、「学年が一緒」、「誕生日が一緒」こんな共通点を見つけたら、一気に親近感がわきますよね。私は書籍のプロフィールを書くとき、「1968年北海道生まれ、埼玉在住」と書くようにしています。同じ年齢、同じ生まれ、同じ地域、それだけでも書籍を購入してくれる人もいるからです。

無愛想だった得意先の部長が、同じ帯広出身と分かっただけで、今までにない笑顔を見せてくれました。東京に出てきて出身が同じ人に会えるのはSNSの普及していない時代には奇跡です。話が弾み、地元の百貨店やカレー屋、豚丼の話などで大いに盛り上がり、高校が違うことで少しだけテンションが下がりましたが、中学校が同じで、もうハグするぐらい盛り上がりました。同じ学区内なので実家も近所だと判明したのです。その後、仕事の面でもプライベートでもとても可愛がっていただきました。

056

同じ「しぐさや行動」を共通点にする

共通点があると一気に親近感が湧きますが、真似も同じです。同じしぐさや行動で、共通意識が芽生えます。

口下手でも、気の利いた返しができなくても、問題ありません。

相手がリラックスした姿勢をとっているなら、自分もリラックスした姿勢をとる。相手は同じ感情を共有していると感じ、よりリラックスした状態になります。

- **相手が敬語で話しているなら、自分も同様の言葉遣いをする。**
- **相手が気軽な会話をしてきたら、自分もそれに合わせた言葉遣いをする。**
- **明るい声のときは明るい声、暗いときは暗い声と、トーンを合わせる。**
- **相手が喜んでいるときには微笑み、悲しんでいるときには同情の表情を浮かべる。**

相手は自分のことを理解してくれていると感じます。

057 ときには「沈黙」する

商談において、お客様が不安や懸念を抱えているとき、その不安や懸念を共感し理解する姿勢を示すことで、顧客は信頼感を持つようになり、取引が成功する可能性が高くなります。

話は少しだけそれますが、お客様が黙るときがあります。無言のときは、どうしていいか不安になり、その圧力に負け、たたみかけるように商品説明の補足をしたり、話題を変えてしまいがちですが、**先方は判断に迷っているときです。このことを「ゴールデンサイレンス」**と呼びます。お客様は買うか買わないか、決断している時間です。その時間を邪魔すると売れるものも売れなくなります。沈黙を恐れず自信満々に構えていましょう。

058 相手に全集中する

どんな姿勢、どんな言葉遣い、どんな表情……**ミラーリングをするためには、相**

手に全集中する必要があります。全集中しているだけでも、「この人は私を気にかけてくれている」、「真剣に話を聞いてくれている」、「寄り添ってくれている」と、安心感を持ち、自分を受け入れてもらっていると感じるのです。

059 「接触回数」を増やす

単純接触効果とは、**接触する回数が増えれば増えるほど、相手に対する親密度が上がる効果**をいいます。１９６８年にアメリカの心理学者ロバート・ザイアンスによって提唱され、「ザイアンス効果」とも呼ばれています。

例えば、好きな異性と親密になるには、１カ月に１回ランチを食べに行くよりも毎日スタンプだけでいいのでLINEをする。学校が一緒なら軽く挨拶をする。物の貸し借りをする。みんなで集合写真を撮るなど、単純に接触を続けていくほうが親しみが増していきます。

060

飲み会よりも「挨拶」

職場でも同じです。

年の離れた上司と部下との人間関係を良好にするためには、1カ月に1回、高級店に飲みに行くよりも、「おはよう」、「おはようございます」と毎朝、笑顔で挨拶をする。「お疲れ様でした」、「お～ご苦労さま」と帰社時に声をかけあう。廊下や休憩室ですれ違うときも笑顔で会釈をし、軽い声掛けをする。単純に接触を繰り返すことで親密度は上がり、良好な人間関係を築けるようになります。

もちろん、会うたびに「仕事はちゃんとやっているのか」、「今後はもっと速く仕事を片づけろよ」、「また残業か！　能力がないのか」と言うような**相手の人格を否定するような声かけは逆効果**です。接触するたびに不快な気持ちが増していきます。

061

笑顔で「相手の目」を見て、名前を呼ぶ

意識したいのは、**目を合わせることと笑顔、そして名前を呼ぶこと**です。

笑顔を作るのは大変かもしれませんが、何か面白かったことを思い浮かべたり、子どもの顔やペットのしぐさなどを思い出すと、自然と笑顔になります。

「あなた」「きみ」など、三人称で呼ばれるより、名前を呼ばれると「自分は認められた」「私の名前を覚えてくれていたんだ」と承認欲求が満たされます。

人は無意識に自分の名前を好意的に思っていて、名前を呼ばれると、相手への好感度も上がる傾向にあると言われています（ネームコーリング効果）。

当時、3000人以上社員がいる会社で、一般社員だった私を「石川君」と社長が呼んでくれたときは嬉しい気持ちになりました。

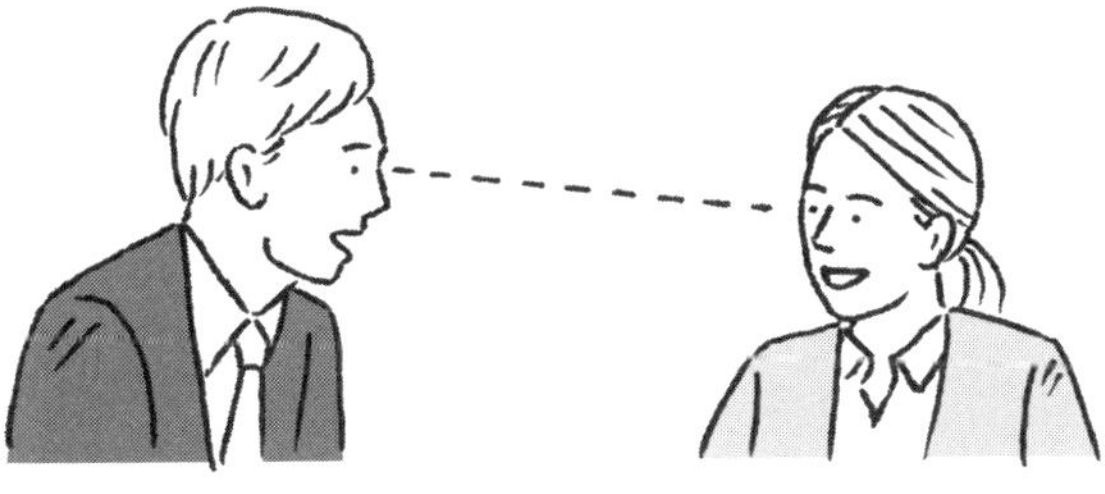

伝える力を磨く

062 パソコン、スマホを一旦、手放す

パソコンが普及し、1人1台の時代になり、タスク処理が速い人は増えました。しかし、それに比例して、「伝えること」が苦手な人も増えました。

パソコンやスマホに頼り、チャットやLINEで連絡します。直接会話をする機会が減り、伝える技術が鈍りました。

「伝える技術を鍛える」という点に絞るとパソコンやスマホからは今すぐ距離を置い

たほうがいいと言っても過言ではないでしょう。

063

「日常生活」で意識的に伝える力を鍛える

手紙も手書きで真剣に思いを伝える。当然、伝える力は身につくのです。

最近は、会社にかかってきた電話に出られない新入社員もいるようです。

LINE、メッセンジャー、チャット……非対面のツールでは、相手の感情や声のトーンも伝わりにくく、冗談で言っていることが、誤解を生むこともあります。

では、伝えることが苦手な人はどうするか。

重要なのは、日常生活のなかで意識的に伝える技術、コミュニケーションの機会を作ることです。

064

面白さは「他人が決める」こと

講師養成講座というセミナーを主催したときのことです。

「自分は面白い」「面白いことしか言えない」と、こちらから聞いてもいないのに、何度も自慢する参加者がいました。

6時間以上あるセミナーで懇親会も含めて9時間ほど一緒にいました。しかし、彼からは、ひとつも面白いと思える話を聞けませんでした。

それどころか、人の話の腰を折り、自分の話したい話に話題を変え、ギャグ（?）がすべり、エピソードトークが普通の話……場の空気を完全に壊していました。本人は最後まで、まったく気づいていない様子でした。

そもそも、面白いかどうかは本人ではなく周りが決めることです。

周りの人から、「あの人って面白いよね」と評判になるのです。

面白い人は、面白いと言われるから面白い人なのであって、自分から申告することではありません。

「あの人は天才だ」「あの人は頭の回転が速い」「あの人は面白い」、すべて他人が決めることです。

065

自分と「違う価値観」に触れる

「俺は話すのが得意」、「私は交渉なら誰にも負けない」、「自分は人を惹《ひ》きつける話し方ができる」と、自信満々に言っている人は、それほどうまいレベルではありません。

ある程度はうまくても、謙虚さが失われ、勉強せず、努力もしないから、能力がストップしています。

そして、自分より話がうまい人を見てきていないので天狗になっているのです。

かく言う私も、スピーチは自信満々の時期がありました。

しかし、講師の技を競うオーディションを観に行ったとき、自分とのレベルの違いに愕然《がくぜん》としました。こんな素晴らしいスピーチをする方が大勢いるのかと驚きました。私は、このオーディションに次回申し込む予定でしたが、優勝者のレベルの高さから、出場を3年間遅らせ、練習に練習を重ねました。

レベルの違いから、自信喪失になりました。しかし、天狗になっていたあのときに、その鼻を折られて良かったと思っています。

では、どのようにして自分の殻を破っていくのか？

話し方、聞き方、書き方、すべてにおいて共通しているのは、自分と違う価値観のものに触れていくことです。具体的には次の7つがあります。

066

①家族とのリアルな会話を増やす

ファストフード店やファミリーレストランにいる家族連れが、全員下を向きスマホをいじっている。ネットニュースを読んでいる父親、インスタを見る母親、ゲームで遊んでいる子どもたち。そんな光景を見て、ちゃんと会話をすれば良いのにと思っていました。しかし、自分がいざ家庭を持つと同じようなことをやっていました。

そこで、意図的に家族で話す時間を作る。朝食や夕食の時間、なかなかそろわないなら日曜日だけでも一緒に食事をする。その時間は、スマホはもちろん、テレビもつけずに会話を楽しむ。伝える力がつくと同時に家族円満にもなり、一石二鳥です。

067

②ビジネス書を読む

大型書店には、すべての困りごとを解決する種がバラまかれています。時間を効率的に使いたい、コミュニケーション能力を高めたい、昇進して役職がついたのでリーダーシップを発揮したい、本屋さんに行けば、時間術、コミュニケーション術、リーダー論、悩みを解決してくれる最高のパートナーが待っています。しかも、永松茂久さん、本田健さんのような普段は会えない人や、稲盛和夫さん、松下幸之助さんのような他界された方にも相談することができます。

伝え方についても、アナウンサーやセミナー講師など素晴らしい先生が待っています。

しかも相談料（書籍購入）は、１５００円前後という破格の安さなのです。

068

③セミナーに参加する

セミナーは書籍と同じ効果を発揮します。さらに、ディベートコーチ、マナー講師など話し方の専門家に直接会い、疑問点を質問することもできます。

実際に話を聞き、そのあと講師の書籍を購入して、さらに深く学ぶこともできます。

ビジネス書を読み、セミナーに参加し、コンテンツやノウハウをノートに書きとめ、**実践し、習慣化する**ことで伝える力に磨きをかけましょう。

④異業種交流会に参加する

社員や同業者と話しているだけでは、同じ発想や価値観になりがちです。慣習を打ち破り、柔軟な発想を手に入れるには、異業種の方と会って話をすることで違った価値観を知るチャンスにもなります。

私も可能な限り、参加していますが、さまざまな業界で活躍されている方の話を聞くことは、話のネタが生まれたり、話の幅が広がったり、具体例も増えたりします。何より新鮮な話を聞けて、そのこと自体が楽しい時間になります。

070

⑤新入社員の話を「否定しない」で聞く

新入社員は、発想豊かです。若い人の意見が聞きたいからと、街中で声をかけることはできませんが、社員になら堂々と聞けます。コミュニケーションも取ることができ、一石二鳥です。

歳が離れれば離れるほど相手の常識は、自分のなかでは非常識と考える人が多くいます。しかし、否定せずに話を聞くことで、自分が思いつくこともできなかった新たな発想を見つけることができます。

071

⑥映画やドラマを観て研究する

映画やドラマは、自分では体験できないことを学べます。意識していないので気づきませんが、例えば弁護士、税理士、証券アナリスト、クラブのママ……リアルの世界で、どんな職業かイメージできるのは、テレビなどの映像を観て認識しているからです。

話し方のヒントを得ることもできます。

漫画界の巨匠、手塚治虫が「漫画家になりたければ漫画ではなく、小説や映画を観なさい」と言っていたそうですが、伝え方も同じです。他の分野からも学ぶことで力がつきます。

072

⑦書くことで、自己表現の練習をする

以前は、相手の気持ちに思いを馳《は》せながら手書きで手紙を書いていました。今では年賀状ですら、書く機会が減りました。

ブログやnote（ノート）を書いたり、動画を作成することで、自分の考えを整理し、相手に分かりやすく伝える練習にもなります。

073

良いコンテンツを真似る

なぜ成功者の真似をしても成功しないのか？　ビジネス書を書いていてなんですが、自己啓発書や成功哲学書を読んで真似をしても、同じように成功するとは限りません。

もちろん、先人のした失敗を学習し、その行為をさけ、成功した体験を真似していけば、失敗の確率は減り、成功の確率は上がります。

私は偏差値30の全員合格の高校から、大学講師、複数の会社で役員や理事を務め

るなど、自分がやりたかった夢を叶えてきました。年間100冊以上の本を読み、月1回はセミナーを受け、良いコンテンツは真似するなどで実践して習慣化してきたからこそ今があると自負しています。**真似は最強の武器**なのです。

074 「何度」も行動する

ただ真似するだけではダメなのです。なぜなら、成功哲学の本は、その人だから成功した可能性があるからです。偶然や運を味方にして、ピンチを乗り切ったこともあるかもしれません。その時代だから成功した、その国だから成功したという可能性も否めません。

さまざまな要素が絡み合あって成功した可能性があるため、あなたが同じように真似したとしても、運や時期や場所などの差により、失敗に終わるかもしれないのです。

では、どうすればいいのか?

それは**何度も何度も、行動すること**です。失敗しても行動して行動して、その確率を上げていくしか道はありません。

私は、税理士試験に合格するまで10年かかりました。１度目の打席も２度目の打席も三振です。10打席目でホームラン。10打数１安打、生涯打率たったの１割……。

とはいえ、税理士試験に合格する目的を果たしたことには変わりありません。

９回しか打席に立たなかったら試合終了でした。10回（年）も振り続けていたら、いつかは当たる。そして、実際に当たったのです。行動し続けたから受かったといえます。

075

行動することで、「成功確率」を上げる

友人で職場コミュニケーションの専門家、アンディ中村氏は、初出版の企画書を出版社に持ち込みました。「同じような企画を今、担当しているから無理」、「コミュニケーションのノウハウは私の担当外」、そんな返事をくれるのは、まだマシで大抵は無視。

断られた出版社の数、なんと１０７社。１０８社目の訪問で、老舗の出版社での出版が決まりました。

レストランとガソリンスタンドを経営していたある男。レストランが火事で全焼。

店舗を拡大して再開するも、近くに高速道路ができて車の流れが変わり、閉店。借金を返すと、手元にはわずかなお金。男はすでに65歳。普通なら絶望するところを得意料理でのフランチャイズビジネスを思いつきました。しかし、レストランに話を持ちかけても相手にされず、断られ続けた店舗数は、なんと1009店！　しかし、1009回も断られても諦めずに営業を続けた結果、73歳のときにフランチャイズ店は600店舗を超える規模にまで拡大していました。そのフランチャイズ店の名は、ケンタッキー・フライド・チキン。男の名前は、カーネル・サンダース。1008回で諦めていたら、あなたも私もケンタッキー・フライド・チキンを食べることができなかった。失敗しても行動して行動して、その確率を上げていくのです。

076 「失敗」を恐れない

スピーチも同じです。

最初は緊張して話せない。壇上で震える。話が飛ぶ。失敗するたびに練習をしまくる。打席に立ち続ける。話のテンポが悪いので直す。間の取り方を習得する。そしてまたチャレンジする。

断られること、失敗することを恐れない。

「諸君は必ず失敗する。ずいぶん失敗する。成功があるかもしれませぬけれど、成功より失敗が多い。失敗に落胆しなさるな。失敗にうち勝たなければならぬ。たびたび失敗すると、そこで大切な経験を得る。この経験によって、もって成功を期さなければならぬのである」

早稲田大学の創設者、大隈重信《おおくましげのぶ》の言葉です。

ネタ作り

077 「常」に準備しておく

「それでは、締めの挨拶を〇〇部長、よろしくお願いいたします」

会社の飲み会、宴会、記念式典や結婚式の披露宴での挨拶、乾杯、あるいは、会議、打ち合わせ、朝礼で、突然指名されて話すことがあります。

最善の策は、常に準備をしておくことです。

想定していないから驚くのです。会社での自分の地位や、参加者の顔ぶれで、自分がスピーチをする可能性があるかは予想できます。

078 「ネタ」にしてはいけないこと

講師が「今、緊張していて……」とスピーチ前に言い訳するシーンを見かけます。オーディションや無料セミナーなら別ですが、参加費を支払っているのに弱気な講師の話を聞きたくありません。緊張はしていていいんです。それをお金を受け取っているプロとして、言い訳がましく言うのはどうでしょうか。

同じようなケースで、例えば「今日、参加されている方のなかで、私より相続税について詳しい大先生がいらっしゃいます。話も分かりやすいカリスマ講師です。何冊も税金の本を出版されている先生の前で話すのは、恐縮です」というのも同じです。「それなら、その先生に教えてほしい」と参加者は思ってしまいます。

講師なら、突然の指名でも毅然《きぜん》とした対応をするべきです。「さすが講師！」と言われる腕の見せ所です。

079 「1〜5分ネタ」を常に30本用意する

講師でなくても、「素晴らしい、尊敬する！」「急に指名されたのに！」「アドリブがすごい！」こんな賞賛を得たいですよね。

そのためには、準備です。

準備をしておけば、急な指名でも話せます。

「急な指名なのに、即興で良く話せるね」

と私もよく感心されますが、準備をしているので、堂々と話せて当然なのです。

私は「1~5分ネタ」を30本ほど用意しています。

例えば、締めの言葉なら、「時間は命」と題して、

「命は数値化できます。平均寿命の80年を生きるとしたら80年×365日×24時間=70万8000時間が、命を数値化した時間なのです。今、あなたが40歳なら、半分の35万4000時間が、あなたの残された命になります。その命である時間をムダに使っていくのは勿体《もったい》ないですよね……」

と話をします。「80年×365日×24時間」のあと、少し間をおいて「70万8000時間」というと、その場で暗算をしていると思われるので頭の回転の速い人と思われます。

そのほか、「良い仲間が自分を高みへと連れていってくれる」、「やった後悔よりやらなかった後悔」など、状況に応じてスピーチします。

「突然なのに凄いね~」

「急なのにスラスラと良く話せるね~」と驚かれますが、**凄くないのです。突然で**

はなく以前から準備をしている話をしているだけだからです。

080

「日常の気づき」をネタにする方法

「急に話すネタなんて作れないよ」という方は、日ごろからアンテナを張っておくことです。

「ドラえもんは、足が地面から３㎜宙に浮いている（土足で家に上がるのはキタナイという苦情から）」
「ルパン３世は、もみあげの長いサル顔をイメージしますが、あれは素顔じゃなくルパン家に伝わる盗術でホンモノの顔ではない」
「ムーミンに出てくるミイとスナフキンは兄弟、しかもミイがお姉さん」

こんな面白ネタを見つけたら、スルーしないでメモをしておく。メモするだけでなく、**自分のコンテンツと結びつける。**

・ドラえもんの話なら「自主規制やモンスターペアレントの問題」
・ルパン3世の話なら「盗む、真似る、演じるから仕事の効率に結びつける」

など自分の考えやコンテンツへと話を広げられるように考えてみる。

081

誰かの「マジか！」を横取りする

ネットで見つけた話を、少しアレンジしてお伝えします。

満員電車で金髪のヤンキーが、「マジか、マジか、マジか!!」と携帯電話に向かって話しています。乗客の多くは心のなかで「うるせぇなぁ〜」「常識がないなぁ〜」と不愉快な思いになっています。

あなたは、どう思いますか？　ちょっと想像してみてください。

ほかの乗客と同じように、不愉快な気持ちになりますよね。

そのあと、ヤンキーは、こう叫びます。

「マジか！　おふくろ！　家が火事で燃えてるってマジか！　ばぁちゃんは無事、避難できたのか、みんな大丈夫か……」

あなたも乗客も、最初は不愉快な思いで聞いていました。しかし、理由が分かった瞬間、一斉に心のなかで、「マジか！！！」と叫び、ご家族のことを心配しはじめるという話です。これを**面白い話で終わりにせずに、次のように自分の考えに結び付けてみる。**

082

「わからなかった理由」がネタになる

いつも挨拶をしない先輩、最初は腹を立てていたけど人見知りなだけで、同じプロジェクトになったら親切で良い人だった。

小言を言う上司。うるさいなと思っていたけど、退職する前に期待している私のことを一人前に育てたいと言っているのを知って、涙がでた。

人は理由が分かると気持ちが変わることがある。今まで不快だったことが、理由が分かった瞬間に納得する。常識がない、不愉快、腹が立つ、そんな考えも理由が分かれば変わる。そんなことはいくらでもある。

こんな風に思考を巡らせてネタ作りをしてみてください。

コラム

「背中を見て覚えろ」の時代でない！

私が新卒で入社したのは、1991年（平成3年）。

「仕事は盗め！」「背中を見て覚えろ！」とよく言われていました。

当時は、部署にパソコンは1台、「この書類を作成して」、「企画書をワードで打って」と言われ、手書きの書類をパソコンで打ち込んだり、表計算ソフトを作っていました。

印刷はラインプリンタといって、1行ずつ印字されていきます。1行ずつなので印刷される文字を読みながら、誤字脱字を見つけることができたのです。ミスを見つけたら、その都度、やり直し。手間はかかりましたが、印刷しながら文章を読むので、仕事の内容が分かりました。

株主総会議事録を何部もコピーしたり、ファクスで送信することで内容が分かりました。

先輩と得意先との電話の会話を聞くことで、敬語の使い方や商談の仕方をマスターしていきました。

上司が先輩を叱りつける光景を見て、このようなことをしたらダメだということに気がつきました。

あの当時は、仕事を盗んだり、背中を見て覚えることができたのです。

しかし、今はどうでしょう。

パソコンは1人1台の時代。プリンターは一瞬で印刷ができます。ファクスの代わりにメール添付。電話でお客さんと話すことは、めっきり減り、チャットやメールでの対応。パワハラなどの問題があり、上司が部下を叱りつけることも少なくなりました。

「仕事は盗め！」と言われても、盗みようがないのです。

「背中で覚えろ！」と言われても、見える背中がないのです。

だからこそ、口頭で伝える必要があります。言わなくても分かるだろうの意識を捨てなければなりません。

そして、上司はますます伝える力を身につけなければならないのです。

第3章

話すチカラ

―この章を読み終えた瞬間、話し方は変わる！―

イントロダクション

自分に合う型を見つける

時代物から世話物、新歌舞伎に新作歌舞伎、舞踊にいたるまで、新しいことに幅広く挑戦し続けた歌舞伎俳優の故・中村勘三郎さん。

あるとき記者からの「勘三郎さんの演技は型破りですね」との言葉に、「何を言ってやんでい！　型があるから型破り。型が無ければ、それは形無し！」と答えたそうです。

この言葉は、TBSラジオ「全国こども電話相談室」で、僧侶であり教育者の無《む》着成恭《ちゃくせいきょう》さんがおっしゃっていた言葉に中村勘三郎さんが感銘を受け、座右の銘にしたそうです。

読んで字のごとくですが、「型があるから型破りなことができるのであって、型もなく型破りなことをやろうとしても、それは単なる形無しに過ぎない」、簡単にいうと「基本がなければ応用も自己流もできない」ということです。

基本を何度も何度も練習して、初めて自己流が生まれるのです。

ピカソは絵画の基礎をしっかり学んだからこそ、横顔に目が2つあるようなキュビズムという独創的な絵が描けるんです。

イチローは何度も何度も素振りをして、その境地として振り子打法を生み出したのです。

お釈迦さまは、苦行を繰り返したすえに、苦行を捨て、悟りを開いたのです。

歌舞伎やスポーツ、音楽、芸術の世界だけではなく、伝え方でも同じです。「型があるから型破り。型が無ければ、それは形無し!」なのです。型を学び、型を習得したあとで、自分なりのアレンジを加えていくことが重要です。

伝え方の型には、PREP(プレップ)法、SDS(エスディーエス)法、DESC(デスク)法などがあります。これらの型を身につけることで、伝え方は格段に上手くなります。

あなたも自分に合う方法を繰り返し練習したあとに、型破りに挑戦してみてください。

相手が一番知りたいことを伝える「PREP法」

083

PREP《プレップ》法の4つのステップ

PREP法は、Point（結論）、Reason（理由・根拠）、Example（具体例）、Point（再度結論）の4つのステップで構成されています。

■Point（結論）

まずは結論を伝え、主旨や主張を明確にします。何を伝えたいのかを最初に相手に知ってもらうことで、聞き手は検証しながら話を聞くことができます。

理由や具体例を先に言われても、「この人は一体何を言いたいんだろう」と、**「結論探しの旅」に出なければなりません。**これは、本当に苦痛です。イライラしながら聞くことになります。

結論から言うことが苦手な方は、**「結論から言うと」**と、先に声に出して言ってみてください。

そうすることで、**自分は最終的に何を伝えようとしているか意識できる**ようになります。

Reason（理由・根拠）

結論を伝えてから、なぜそうなったのか、理由や根拠を話します。

聞き手は、理由や根拠を聞くことで、「なるほどな〜」と結論に対する裏付けを取りながら、話を聞き進めることができるのです。

「結論からいうと」と同様に、**「理由は３つあります！」**と宣言しましょう。宣言することによって自分のなかで３つの理由を無理やりにでも見つけようとします。

Example（具体例）

次に、具体例で理由の肉付けをしたり、事例を挙げたりすることでより具体的な話をしていきます。結論とその理由を聞いた聞き手は安心して、具体例を聞くことができます。

■Point（再度結論）

最後に、結論を繰り返します。繰り返し結論を伝えることで要点を強調できます。とくに具体例やその後の雑談で話が長くなった場合、**聞き手に結論を明確に記憶させることができます。**

084

上司に新しいプロジェクトを提案する場合

部下が上司に新しいプロジェクトを提案する場合を想定して、ＰＲＥＰ法を使ってみます。

・Point（結論）
当社でも新年度から新しいマーケティングキャンペーンを開始するべきだと考えております。

・Reason（理由・根拠）

その理由として、市場調査によると、ライバル会社に比べて、当社の商品は認知度が低下しています。市場でのポジションを強化する必要があります。さらに、20代~30代女性を新規の顧客にすることで、売上の増加が見込めると分析しています。

・Example（具体例）

例えば、A社は最近、インスタを活用したキャンペーンを行っています。その結果、20代女性の顧客獲得に成功し、売上を20％増加させました。この事例からも、適切なマーケティング戦略を行うことで、成果が得られると考えております。

・Point（再度結論）

したがって、新しいマーケティングキャンペーンを開始することで、市場での認知度向上と売上増加を実現できると考えております。

085 まずは結論を伝える

ＰＲＥＰ法を習得するには訓練が必要ですが、後述するＳＤＳ法とともに、**「まずは結論から伝える！」と、決めること**が重要です。

結論さえ伝えてしまえば、そのあとの理由や具体例に説明不足や伝え漏れがあったとしても、聞き手が質問してくれます。会話は一方的に投げる砲丸投げではないのです。何度も投げ合うキャッチボールなのです。

086 相手が不安なときほど、結論から伝える

さらにもうひとつ。

重要な案件の解答を待っている相手には「良い話でした」「悪い報告です」というように究極の結論から伝えます。

とくに不安要素のあるときは。

例えば、建設会社で事故があったときは、「事故がありました、しかし死傷者な

し」、「けが人は出たが全員軽傷」。

資金繰りの場合、「結論は3000万円の希望額のうち2000万円は借入れができた」など、究極の結論を先に伝えてから話しましょう。

「何が言いたいの？」を解消するＳＤＳ法

087

ＳＤＳ《エスディーエス》法で「何が言いたいの？」を解消する

「話が長くて結局、何が言いたいの？」

「まとまりがない、もっと端的に説明してくれ！」

　こんなことを言われた経験がある方、安心してください。もっとも簡単な伝え方があります。

「何が言いたいの？」を解決する伝え方、そして、言いたいことを速く伝える手法、それがＳＤＳ法です。「Summary（要点・概要）」「Details（詳細・細部）」「Summary（要点まとめ）」の頭文字を取った文章構成のことです。

　報道番組にもよく使われる手法で、例えば地震が発生した場合、次のように使われています。一度は聞いたことがあるのではないでしょうか。

要点・概要：地震速報をお伝えします。日本時間5日の午後11時15分ごろ、●●南部、〇〇諸島付近を震源とするマグニチュード7・6の地震がありました。この地震による津波の心配はありません。
※地震が発生した日時、場所、震源地などの要点を伝えたあとは、詳細として、

詳細・細部：各地の震度は、震度5　A市　B市　C市
震度4　D市　E市　F市　震度3　G氏　H市　……
※各地の詳細を伝えたあとは、要約に戻り

要点まとめ：先ほど、日本時間5日の午後11時15分ごろ、●●南部、〇〇諸島付近を震源とするマグニチュード7・6の地震がありました。この地震による津波の心配はありません。繰り返します。この地震による津波の心配はありません。

これが、SDS法です。

088

「大事なことを2回言う」だけ

要点・概要：地震発生！　津波の心配なし
詳細・細部：各地の震度情報
要点まとめ：地震発生！　津波の心配なし

今まで、何度も聞いていますよね。
最初に大事なことを言って、最後にもう一度繰り返す！
「大事なことは2回言うね！」と覚えてください。
ビジネスの現場でも使えます。

要点・概要：優先順位の高い仕事は午前中に行いましょう
詳細・細部：その理由として3つ
・午後からだと集中力が切れているから

・新たに緊急な仕事や重要な仕事が入る可能性があるから
・さっさと終わらせたほうがラクだから
要点まとめ：（だから）午前中に1時間だけでもいいので集中タイムを設けて、優先順位の高い仕事を終わらせることが重要です

文章やプレゼンなどで、聞き手や読み手の理解を促したいときにも有効です。物事を端的に伝えたい場合にも使用します。

そしてPREP法、のちほど解説するDESC法の3つのなかで一番、簡単な手法です。

089 迷ったら「結論から言うと」

前述しましたが、それでも難しいと感じる方は、**「結論から言うと」**という出だしで話してみてください。自分が話そうとしていることの結論は何かと考えてから話すようになります。

アメリカバイソン、ヒツジ、モルモット、ばん馬、エゾモモンガ、アライグマ、

それだけじゃなく鳥もいて、爬虫類、両生類、アトラクションに食堂もある……いやそんな詳細（Details）な話ではなく、「結論から言うと」という出だしから話せば、「明日、帯広動物園に行こう！」という要点が先だと気づくのです。

埼玉で、天気がいい日に、犬を散歩している人がいて、ベビーカーに双子が乗っていて、その道をずっと行くと……いやそんな枝葉の話ではなく、「結論から言うと」という出だしから話せば、「公園の改修工事が受注できた件」が先だと気づくはずです。

「言いにくいことを的確に話す」DESC法

090

DESC《デスク》法で建設的に問題解決をする

「先輩、そのやり方は、間違っていますよ！」

「課長、働き方改革も施行されたので残業しないで帰ります！」

「部長、もっと整理整頓をすることで生産性は上がりますよ！」

すべて正論かもしれません。

しかし、正しいからと言って、その意見が通るのか、たとえ通っても相手に配慮しない伝え方は、その後の人間関係が上手くいかなくなる可能性があります。

そこで役立つのが、アメリカで生まれたＤＥＳＣ法という「自分も相手も大切にするコミュニケーション」の技法です。

対立や意見の相違が生じた場合に、**相手と建設的な対話を行いながら問題解決をはかる手法**です。

次の４つのステップからなります。

Describe（描写）：事実や現在の状況を整理して「描写」する

Explain（説明）：自分の考えや気持ちを「説明」する

Specify（提案）：相手も望む解決策を「提案」する

Choose（選択）：提案に対する答えを想像して、さらなる「選択」を示す

091 課長に頼まれた仕事を断る場合

「今、もっと重要な仕事をしているので、すぐにはできません」

「部長に頼まれた仕事があるので課長からの依頼を受けるのは無理です！」

というと角が立ちます。

そこでＤＥＳＣ法で対応します。

描写：大変、申し訳ありません。部長から依頼された仕事があります。期限は明後日の15時までです。
説明：お引き受けしたいのですが、今日明日は、充分な時間が取れません。
提案：そこで市場調査までは後輩のAさんに任せて、明後日の15時以降でしたら私も取り掛かることができます。
選択：すぐに取り組めませんが、よろしいでしょうか？

092
社内会議に10分間、遅れたときの謝罪例

今度は遅刻したときの話し方です。

描写：事前に連絡せずに、申し訳ございません。
説明：言い訳になってしまいますが、自転車での移動で電話をする機会を失い、ご心配、ご迷惑をお掛け致しました。
提案：事前に資料配布ができず、ご迷惑をおかけしました。今後は、メールに

て資料の共有を致します。
選択：遅刻は論外ですが、今後は資料やそのほかの準備物は、前日までに用意し支障なく会議を進められるように致します。大変申し訳ございませんでした。

093

DESC法のデメリット

DESC法の**メリットは、対立をエスカレートさせることなく、効果的にコミュニケーションが取れること**です。特に、若手にとって、上司や先輩との意見の衝突は避けたいものです。DESC法は、それらの状況を乗り越えるための「武器」となります。

一方、**デメリットは、状況によっては時間がかかること**です。急を要する場面や相手が感情的になっている場合には、4ステップを丁寧に考えることは大変です。感情が高ぶった状態で冷静に「描写」や「提案」のステップを実行することは難しいかもしれません。

効果的に使うためには、練習が必要です。

094 紙に書き出しながら、考える

ＰＲＥＰ法やＳＤＳ法で対応したあとに、もしＤＥＳＣ法を使ったら、どのように話すかなと考えてみたり、紙に書き出しながらＤＥＳＣ法の練習をしてみましょう。

095 すべては伝えず、要点を絞る

有益な情報がたくさんあっても、その情報をすべて出したからと言って、聞き手が理解できるとは限りません。前述したように、会話はキャッチボールです。すべてを一気に話そうとせず、まず要点を絞って伝えます。

繰り返しになりますが、ＰＲＥＰ（プレップ）法、ＳＤＳ（エスディーエス）法、ＤＥＳＣ（デスク）法、これらの方法を身につけることで、伝え方は格段に上達します。

説明下手は、フレームワーク、つまり型にはめることで、伝わりやすくなるのです。

プレゼンのコツ

096 「資料を読み上げる人」にならない

私が「資格の大原」で講師をしていた当時、黒板を使用する授業から、パワーポイント（以下、パワポ）を使用する授業に切り替わりました。

最初は戸惑いましたが、講師が黒板に書く時間が短縮できます。字が下手な講師にとっては朗報です。話すことに集中できます。パワポの資料を受講生に事前に配れるため、ノートに書き写す手間も省け、好評です。

しかし、パワポを利用することでデメリットもあります。

黒板に書くことによって、間ができたり、ノートに書き写すなど、緩急をつけた授業ができていたのですが、次々とパワポの画面を変えていく進行だけだと単調になる恐れがあります。

最大のデメリットが、パワポを読むだけの講師という存在に陥《おちい》ること。

さすがに、資格試験の学校ではいませんが、法改正などの研修に行くと、このような講師（というより担当者）を見かけます。

パワポに書いた文章を読み上げるだけで終了。それなら、その資料を持ち帰って、自分の知りたいところや、ポイントを読むほうが時間短縮になり効果的です。

予習をして授業をするより、多くの情報をパワポに写し出し読みながら授業をするほうが講師はラクです。しかし、参加者にとっては、単調な授業ほど苦痛なものはありません。

097
パワポの文字数は300文字以内

何種類にも色分けされたパワポも見かけます。赤、青、緑、オレンジ……どこが重要か分かりません。私は重要なポイントは赤、次に重要なのが緑と二色限定に統一しています。デザイン性を重視するあまり、何色も使うと受講生が混乱します。

800社17万人の働き方改革と業務効率化を支援している働き方デザイナーの越川慎司氏は、著書『仕事ができる人のパワポはなぜ2色なのか？』（アスコム）で、カラフルで原色がたくさん使われているパワポ資料は、それだけで見る人の目が疲れてしまい、長時間続けて見る気力を失わせると述べています。画面に使う色は3色以内にする。仕事ができる人の約4割は2色だそうです。

続けて、文字数についても、5万ファイルの資料を調べた結果、「1画面の文字数の平均」は、380文字。300文字以上入った資料は、あまり営業実績が出ない。営業成績が良く、会社内でエースと呼ばれている方たちが作るパワポの文字数は105文字だという検証結果を伝えています。

098

「不要なもの」を極限まで削る

文字数を削ることで、言いたいことが際立ちます。余白が生まれます。読まずに話す努力をするのです。

後述しますが、読まずに話すためには、何度も何度も練習することが必要です。

パワポは分かりやすさを追求する。

読ませるのではなく、映像のように見せるのです。

文字は大きく、文字数は少なく、キーワードになる言葉で見せる。

故スティーブ・ジョブズの歴史的な名プレゼン。人々を魅了してきた魅せ方の究極の姿は「シンプル」だったのです。

不要なものを極限まで削ることで、現状の問題点を分かりやすく伝え、解決策を示してきたのです。

099

「簡潔さ」を心がける

提案を始める前に、会議の内容、最終目標を伝えます。「〇〇のプロジェクトを達成することで、年間売上を10％向上させることを目指します。先月取得した特許の導入によって実現可能です」というように、具体的かつシンプルに伝えます。

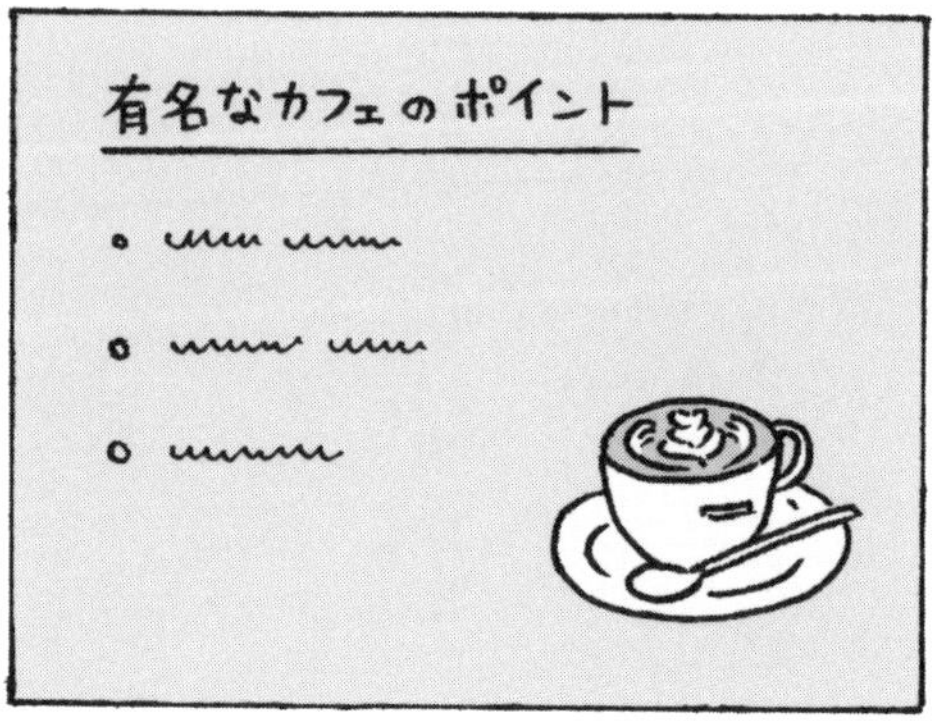

100

疑問点に「先回り」する

提案する際には、参加者の立場に立って考え、彼らがどの部分に関心を持つか、何について疑問を持つかを予測します。

例えば、働き方改革関連法案なら、課長にとっては、生産性を下げずに残業時間を減らすことに関心があるのに対し、一般社員は、残業時間が減ることにより給与が減ることに関心があるかもしれません。それらの疑問に先回りして答えることが理想です。

101
「視線」を合わせる

資料に目を落として読みあげるだけ、パワポを棒読みするだけ、このようなプレゼンでは思いは伝わりません。

参加者を見て、一人ひとりと目を合わせる。全員にではなく「あなた一人に話しかけていますよ」という気持ちを持てば、自然に相手にも伝わります。

102

非言語的コミュニケーションの活用

身振り手振りや表情、声のトーンなども重要です。ポジティブな印象を与えるために明るい表情で話す。堂々と自信を持って話さないと、たとえ正しいことを言っていても信用されないことがあります。

103

「質問の時間」で、自分事にさせる

一方的に話すのではなく、その都度、質問の時間を作り、疑問点や不明点を求めます。担当だけが話していると、参加者が本当に理解しているか分かりません。一つの議題が終わるごとに確認し、必要に応じて追加の説明をします。

「質問はありませんか？　ここまでで何か不明点がありましたら、遠慮なくお尋ねください」と促します。

ときには、指名してみてください。いつ当てられるか分からない緊張感があると集中することができます。また「何かないですか？」と投げかけると必死に考えて、意見を言うものです。

例えば、セミナーの最後に「質問がある方は手を挙げてください」と主催者が言っても、なかなか手が挙がりませんが、「1分間で少なくとも1つは質問を考えてください。無作為に当てますから」というと、全員が質問を考えます。**自分事にさせることで、人は考える**のです。

104 「人間の集中力」は7秒が限界

映画、テレビの時代から、YouTube、そしてTikTokを代表とするショート動画へ。2時間ゆっくり映画を観ていた時代から、ショート動画という秒の世界を楽しむ人が増えました。テレビも録画すればコマーシャルはスキップし、再生速度も1・25倍、1・5倍、1・75倍、2倍そして今では4倍速の世界へ。10秒足らずのショート動画ですら倍速で見る人もいます。

長時間、集中できない人が増えました。

評論家、文筆家の岡田斗司夫《おかだとしお》氏も、普通の人間の集中力は7秒間が限界と言っています。

105

話す「テンポやトーン」を変える

では、飽きさせないためにどうするか?

スピーチは聞き取りやすくゆっくり話すという講師もいますが、単調だと飽きがきます。難易度の高い箇所はゆっくり話す、誰でも分かるような簡単な説明には早口で話す、語り掛けるように話すなど、緩急を持たせることも重要です。

大事な箇所を話すときに、大きな声で話すこともありますが、逆に小さな声で話してみる。「ここ大事なところですよ」、「一度しか言いませんよ」と言って、小さな声で話せば、聞き逃すまいと必死になります。

106

集中が切れたら、沈黙する

集中力が切れて私語をしたり、スマホを見ている状況になったら、沈黙する。環境の変化に人は敏感です。講師が話していたのに黙ってしまったら、その静寂さが気になり、話を止め、スマホを見ていた人は顔を上げます。

107

大勢の中で、「ひとり」に話しかけてみる

全員に語り掛けるように話すのは良いのですが、たまに誰かひとりに話しかけてみる。例えば、「3番目の真ん中の方、この問題なんだけど……」と、たったひとりに話しかけることで、ほかの人も集中します。次は自分が当てられるかもという緊張感も走ります。

108

みんなが「興味のある話」に置き替える

人は興味のない話からは離脱していきます。簿記の授業を、簿記の資格取得を目指している受講生に話すなら、全員が同じ方向を向いています。マナー研修でマナーを知りたい人の集まりなら、その話に興味があります。

一方、多くの講師が登壇する講演会では、参加者それぞれがさまざまな目的で来ています。例えば、「円滑な親子関係についてお話しします」と、言っただけで、お子さんのいない方や、独身の方は、その話に興味がないので離脱します。

「親子関係の話をしますが、上司部下の関係、先輩後輩、パートナーについても応用の効く話です」と伝えることで、離脱者は減ります。

109 話以外の要素を取り入れる

写真や図、イラストを使うのも効果的です。話一本で集中させ続けるのは至難の技です。

サイコホラー小説の傑作『悪の教典』（文藝春秋）の主人公、英語教師の蓮実は、殺人鬼でありながら人望の厚い人気教師でした。生徒を飽きさせないために50分の授業では、必ず高いテンションをキープし続けました。歌手や俳優の卵を対象にしたボイス・トレーニングのスタジオで鍛えた声で、緩急をつけ、生徒に受けのいいネイティブのような発言で英文を読み、退屈な文法の解説にも適度なジョークを交えていました。

私も3時間の簿記の授業で、パワポを使い、黒板も利用し、解説だけではなく問題を解く時間を作りました。問題を解いている間は、教室をゆっくり歩き回ることで緊張感を持たせました。身振り手振りのジェスチャーも取り入れました。休憩後は伸びや深呼吸をしてもらい、目先を変えて飽きさせないようにしていました。

話すより、聞くほうが集中力を持続させるのは大変なのです。

あなたも取り入れられる技があったら、ぜひ取り入れてみてください。

110 1分間で伝えてみる

チャンネル登録者数116万人（2024年4月末現在）の人気YouTube番組「令和の虎」。トラと呼ばれる投資家の前で、志願者が事業計画をプレゼンして、出資や融資を引き出すリアリティ番組です。2001年、日本テレビで放送されていた「¥マネーの虎」と内容はほぼ同じです。

アニメスクールを開講したい、ベトナムでたこ焼きバルを開業したい、音楽とお笑いで宇宙一のスーパースターになりたいなど、さまざまな夢や事業を実現するために志願者は希望金額を宣言します。あらかじめ提示した希望金額を出資してもらえたら成功です。このことを「マネー成立」といいます。

さまざまなルールがありますが、最初に話す経歴は端的に1分前後という暗黙のルールがあります。このルールが守れず長々と話した人で、マネー成立した人は、ほとんどいません。

1分間で伝える力が必要なのです。

しかし、分かっていても、このルールを守れない人がいます。

ある志願者は、事前の面談で、「あなたは説明が長いので本番では気をつけてくださいね」と、3回も指摘を受けていました。ところが、本番では経歴を3分以上話し続け、司会者からストップがかかり、主催者に叱られて、というより怒鳴られていました。

111 完璧に伝えようとすると、収まらない

話が長くなってしまうのは、なぜか？

「令和の虎」を見ていて、共通しているのは、**志願者がすべてを完璧に伝えようと**

しているからです。

生まれてから、どこを卒業し、どこに就職し、どんな事業をやっていて、その事業が今このような状況で、なぜ資金繰りに苦しいのか、なぜお金が必要なのか、今後のビジョンをどうするか、細かくプレゼンしているのです。「10」あれば、「10」すべてを伝えようとします。1分で収まるわけがありません。

112　「一方的」に話してはいけない

「令和の虎」は、一方的に志願者の話を聞いて、お金が出る番組ではありません。出資しようと考えているトラとの言葉のキャッチボールが必要です。最初に完璧に伝えられなくても、トラ側が疑問点は質問してくれます。あとから、いくらでも補足説明ができるのです。

トラ側は、いつ終わるとも分からない重要でもない経歴を延々と聞かされますが話が長いから出資しないのではなく、そんな「自分ファースト」な人にお金を出したくないのではと思います。

113

プレゼンで大切なこと5つ

お金が出るかどうかは、事業内容も重要です。しかし、大前提として、「話し方、聞き方」によって左右されます。一方的に話し、他人の話を聞かない人にお金を貸したり、仕事を一緒にしたいと思いませんよね。融資をすることで長く付き合っていきたいとも思いません。

この番組を見ていると、**「話は端的にまとめる」**、**「人の話にかぶせない」**、**「はいはいと返事を繰り返さない」**、**「質問に的確に答える」**、**「専門用語を使わない」**などプレゼンの勉強になることを多く学べます。

言葉遣い

114 専門用語は聞き手に合わせる

「仕訳帳の借方《かりかた》に現金100円、貸方《かしかた》には売上100円の仕訳を切ってください」

専門学校で簿記の講師をしていた当時、このような問題を出すことがありました。簿記3級を習い始めの初学者にとっては、何を言っているのか、まったくわかりません。しかし、3級取得者で2級の受講生には、簡単な問題です。

何を言いたいのかというと、**専門用語も業界用語もカタカナ語も受け取る人によって難易度は変わる**ということです。

専門用語などを使うときは、状況や時と場合によって注意が必要です。業界用語もそうです。

建設会社に同期入社した同僚は、「ネコさがしてきて」と入社して3日目で言われ、現場でネコを飼っていると思い、一生懸命にネコを探していたら、一輪車（手押し車）のことだったそうです。

私も台風のときに独身寮でくつろいでいたら、「今日、ブロック積みに行けるか？」と言われたので、台風でブロックが崩れて大変なんだと思い、作業服に着替えて待っていたら、麻雀のことでした。

第3者目線で「何が一般的か」を再確認する

書籍を加筆修正するときは、大学生の娘と社会人一年目の息子に頼んでいます。そうすることで、読者がわかっていると思い込んで使っていた用語が、一般的ではないことに気がつくことができるのです。

子どもたちの指摘によって、たしかに、マルチタスク、シングルタスクなど、今でこそ普通に使っていますが、初めて聞いたときは自分にも分からなかった用語だと気づくことができます。

そのときは、マルチタスクなら「複数の作業を同時に行うマルチタスク」、シングルタスクなら「マルチタスクとは反対の意味で、ひとつの作業に集中するシングルタスク」というように、用語の意味を補足しています。

116

場に「適した言葉」を使う

もちろん、カタカナ語がすべて悪いわけではありません。ルールを「規則」と言い直し、ミーティングルームを「打ち合わせ室」と言い換えると、**話すリズムや文章のバランスが崩れるときもあります。**

今、使ったばかりの「リズム」や「バランス」も「律動《りつどう》」や「平衡《へいこう》」と日本語に変えると、かえって読みづらくなりますよね。

インターネットのことを「電子情報交換機能」とか、レクリエーションを「自発的・創造的なさまざまな余暇活動」と伝えるほうが大変です。

117

相手が「戸惑わない言葉」を選ぶ

注意する点は、**先方が戸惑っているかもしれないという配慮**です。

例えば、20代では当たり前の用語でも、60代のお客様にとっては不明な用語かもしれない。分からない言葉を質問してくれたら良いですが、話が伝わらないことによって取引や仕事がライバル会社に流れていくかもしれません。

118

「難しい言葉を使う」のをやめる

スタンフォード大学の研究によれば、**必要のない場面で、難しくて理解しづらい言葉や長文を使う人は、頭が悪い」という印象を与える**そうです。

「こんな難しい言葉を知っているオレって、恰好いいだろう！」という気持ちで、使っている人は、逆の印象になるのでやめたほうがいいのです。

難しいことを難しく話すことは誰にでもできます。

難しいことを簡単に話すことが難しいんです。

難しい言葉を簡単な言葉に言い換えられる人が頭のいい人、能力の高い人です。

119

「本来の意味」を調べる習慣を持つ

40年前、高校時代に「顰蹙《ひんしゅく》」という言葉が流行りました。何かあると、「それ、ひんしゅく～」「わ～ひんしゅく～～」といって盛り上がっていました。

ある日、国語の授業で、「最近、顰蹙という言葉が流行っているけど石川、顰蹙の意味は知っているの？」と先生に聞かれました。

意識して使っていたわけではないので、当時の私には言語化することができませんでした。ほかの生徒も誰ひとり明確に言語化することはできませんでした。

最近では、「忖度《そんたく》」という言葉も流行りましたが、高校当時、流行った顰蹙のように知ったかぶりで流行の言葉を使っていた人が多かったと思います。

よく耳にする言葉は情報収集して、本来の意味を知っておく必要があります。

120

「ビールでいいです」は全然よくない

「ビールでいい?」との上司の問いかけに**「ビールでいいです」**と答える部下。

部下のこの一言で、ムッとする上司もいます。

「人がご馳走するのに、『で』いいって何だ、『が』いいですだろ!」と内心思っている人もいます。日本語は難しいですよね。

そんなこと気にしない人もいますが、気にする人もいるんです。

121

「なるほど」は使わない

目上の人に**「なるほど!」「なるほどですね!」**と答えるのも失礼です。

なるほどは、「相手のほうが正しい、そんな考えもある」と譲歩する表現、そして敬語ではありません。

「なるほど、なるほど」は、もう分かったから他の話題にうつりましょうと、せかされているようで、話し手にプレッシャーを与えます。人によっては小バカにされた印象を与えます。

なるほどを使いたくなったら、「承知しました」「おっしゃるとおりです」「かしこまりました」などの言葉を使いましょう。

122

相手が「失礼と感じる言葉」は使わない

「なるほど」以外にも「了解です」「参考になります」などの言葉もさけたほうが無難です。

「了解です」は「承知しました」、「参考になります」は「勉強になります」が適切です。

最近は、これらの応答が、失礼か失礼じゃないかの論争があります。

私自身、部下や後輩から、このような応答を受けても気になりません。

だからといって、他の方に使うことは避けています。

なぜなら、**失礼かどうかは、私が決めることではないから**です。

相手が失礼と感じたら、それは失礼なのです。その確率があるなら、使わないと私は決めています。
伝え方の基本は、相手への伝わり方が重要なのです。

コラム

携帯電話にイライラする理由

電車で女子高校生同士がクラブ活動の話をしているのは気にならないのに、スマホで通話をしているサラリーマンにはイライラする。

女子高校生とサラリーマンの違いだから？

次の日、サラリーマン同士が電車で仕事の話をしているのは気にならないのに、スマホで通話をしている女子高校生にはイライラする。

話をしている対象が女性、男性、学生、社会人、関係ないようです。

スマホで通話をしていることに腹が立つのです！

話は横道にそれますが、「電車内での携帯電話の通話はご遠慮ください」というアナウンス。「ご遠慮ください」の正しい意味は、「やめてください」という意味です。やめてほしいことを丁寧に伝えているのですが、「強制ではないが、できたらしないでね！」と勘違いしている人が一定数います。しかも、その勘違いしている一定数の人が、電車で通話をしていると思うのです。アナウンスを「電車内での携帯電話の通話は絶対にやめてください！」に修正したほうがいいかもしれません。

では、なぜ電車内での通話にイラっとくるのか。

実際に二人で話しているより、通話のほうが1人分の声しか聞こえないので、単純計算でイラ立ち度は、半分になるはずです。しかし、前述したように、電車内では会話は気にならないのに、通話は気になってしまう。

この気になる現象は、「halfalogue（半分の会話）」と呼ばれています。

アメリカのコーネル大学で心理学を研究するマイケル・ゴールドスタインと、ローレン・エンバーソンの研究によると、**脳は、会話の半分しか聞き取れないことにストレスを感じ、無理やり残りの半分を補完しようと、その話に集中力が奪われてイラっとしてしまう**そうです。

「電車内での通話はご遠慮ください」の意味を間違えて、通話をしている人は、周りの乗客をかなりイラっとさせ、負のオーラを漂わせているのです。

第4章

聞くチカラ

—話しすぎるな！　聞け！
聞き上手最強伝説！—

イントロダクション

話がうまい人が好かれるとは限らない

語彙力があってスラスラと話せる人は、コミュニケーション能力が高く憧《あこが》れる、「私もそうなりたい」と思っている人は多いと思います。

たしかに自分を表現する話術を持っていることは素晴らしいです。しかし、コミュニケーションが取れている、信頼されている、人望があるとは限りません。

小学生時代、笑わせるのが好きで、笑いの輪の中心に、いつも私はいました。

6年生の班決め、今では考えられませんが、班長が同じ班になりたい人を順番に選んでいました。私は、のん気に選ばれるのを待っていました。でも、気づけば……最後の1人。トラウマ級のショックです。42人中42位なんですから。

自分の周りには笑いが絶えないのに、なぜだったのか。

話し上手と自負している人は要注意！　2つの間違いを犯していたのです。

■（間違い①）話を奪っていた

口が達者だった私は、人が話している途中で話題を奪っていました。級友が「巨人阪神戦、昨日の王のホームランが……」と野球の話をしているのに、「いや、それより猪木対ホーガンのほうが凄かったよ」とプロレスの話に変えて、盛り上げます。話題を奪ったうえに、相手が認めているものを全否定していたのです。

■（間違い②）「笑わせる」を勘違いしていた

身体的特徴でさまざまなあだ名をつけていました。そのたびにつけられた本人も笑っていたので、ウケていると勘違いしていました。

同じ笑いでも、「笑わせる」のと「笑われる」は、違います。あだ名をつけられ、そのあだ名で、周囲は笑っている。つけられた本人は、傷ついているけど、それを悟られないように一緒になって笑うしかない。そんな状況を作っていたのです。

ちょっとした伝え方のコツや考え方が、運命を分けるのです。

傾聴力

123

話す力より「聞く力」

「私は口下手だから、コミュニケーションが取れない」と思っている方。
流暢《りゅうちょう》に話せるから好かれるわけではありません。人望が得られるとも限りません。
伝え方に問題があれば、言葉が淀みなく出ても意味がありません。
実は、「聞く力」のほうが重要なのです。
「話す力」よりも「聞く力」が人を魅了します。
では、どのようにして聞く力を高めればよいか。次のような方法があります。

124

相手の話を「最後」まで聞く

小学生時代の私は人の話を奪っていました。

相手の話を途中で遮ることは、「あなたの話は聞くに値しない」と言っているようなものです。話し手も、話の途中で話題を奪われると、話し切れなかったことに対して欲求不満になります。相手の話は最後まで聞く「傾聴力」が必要です。

「相手が話し終わる前に口を挟んではいないか」、意識をして確認してみて下さい。

125

「先ほどの話の続き」を聞く

傾聴力のなかでも誰にでも簡単にできるのに誰もやらない凄いテクニックがあります！　例えば、飲み会の席で話していたのに、途中で乾杯の挨拶が入った、ほかの人に話を奪われたなど、話が中断することもあります。

そのときは、**「先ほどの話の続きですけど」と、話を戻してあげる**のです。

話し手本人から、「それで、さっきの話の続きなんだけど……」と、話を戻しづらいものです。話を戻してあげれば、話が中断したストレスから解消してくれた感謝の気持ちだけでなく、自分の話をちゃんと聞いてくれている人なんだ、自分の話に興味があるんだと、好感を持たれます。

126

「聞いている態度」を見せる

相手の話に興味がないときや、話が長いとき、つい時計に目をやったり、目線を外して外を見てしまう人がいます。

以前、取引先と仕事の打ち合わせをしているとき、そのなかに自分が話すとき以外はスマホを見てLINEの返信やスケジュールチェックをしている人がいました。もちろん、その人とは二度と一緒に仕事をすることはありませんでした。

相手の話を終わらせたいなら有効ですが、良好な関係を続けたいなら、相手の目を見て、あいづちを打つなど聞いているという姿勢をとる必要があります。ただし、ずっと目を見続けられると、無言の圧を感じてしまう人もいます。緊張して話せなくなる人もいます。頷きながら視線を資料に向けたり、ネクタイや額に視線をずらすなど、あなたの話は聞いていますよという姿勢は崩さずに、適度に目線を外しましょう。

127

相手と「呼吸」を合わせる

明るい笑顔で聞くことが必ずしも正解ではありません。相手が笑顔なら笑顔、悲しいときは悲しい顔、辛そうなときは辛い顔、相手と呼吸を合わせることで、聞いてくれていると好感を生み、親近感を持たれます。

128

「知らなかぶり」をする

インスタ、LINE、チャット、クラブハウスなどで、ライブ配信ができ、誰でも世界に向けて発信することができるようになりました。

司会が、著者やセミナー講師をゲストとして呼び、専門的な話を聞くこともあります。

名司会と迷司会の違いは、その話題を知っているか知らないかではありません。何度かゲストとして呼ばれましたが、「時間術」や「リーダー論」のコンテンツを話しているときに、「そう、そう、そうです」「私も知っていました」「その通りなんですよね」と、**「私もそのことを知っていましたよ」という態度**をとる司会者がいます。

知っているなら、あなたが司会者兼ゲストをすればよいのでは？　と思ってしまいますよね。そこまで深い知識がないのに迷司会は「知ったかぶり」をします。

名司会は、「知ったかぶり」ではなく、「知らなかぶり」をしてくれます。つまり、知っていることも知らないふりをして聞いてくれるのです。

それによって、話が続き、盛り上がり、さらに質問で深堀りされ、本当に知りえなかった濃い情報まで、話を引き出すことができるのです。

129

「要するに」を使いすぎない

自分には話をまとめる力がある、要約が得意だと思っている人も要注意です。

相手が結論を出さずに長々と話しているときや、話がまとまらないときに、「要するにこういうことを言いたいんだよね」「つまり、ここに論点があるんだよね」と、「要するに」「つまり」で話をまとめてしまう人。

一、二度ならいいですが多用すると、話している側は必死で話しているのに簡単にまとめられてしまった、自分の理解力をアピールする材料に使われてしまったと思われる場合があります。

否定しない

130 無意識の口癖に気をつける

意識しないで発している「口癖」には、気をつける。

とくに最初に話す言葉が、「いや」「でも」「というか」など、否定から入る人は要注意です。

以前の職場の現場担当者は、**「いや、そうじゃないんだよね」**が口癖でした。とにかく何でも否定から入る。


「請求書は、この書き方で合っていますか」「いや、そうじゃないんだよね」

「実行予算、この金額で合っていますか」「いや、そうじゃないんだよね」

「測量の順番はこれで合っていますか」「いや、そうじゃないんだよね」

99％合っていることでも1％でも違いがあれば、否定から入る。よくよく聞いたら否定することが何もない案件についても、とりあえず否定から入る。もうこの言葉が癖なんです。

一緒に仕事をしていると、なんだか人格まで否定された気分になって、モチベーションも下がります。

そのため若手社員からは、「Aさんの下では働きたくない」との声が多く、2回連続同じ現場にならないよう組み合わせにも苦労しました。

131

否定しないで、ひたすら聞く

今の職場は、「人の話は否定しないで聞く」ということがルールになっています。

高校を卒業して入社した新入社員のB君は、午前11時30分ぐらいになると、「お腹がすいて集中できません」「お腹がすいて死にそうです」と弱音を吐《は》きます。

私が20代のころ、先輩にそんなことを言ったら怒鳴りつけられるなと思いながら聞いていました。

本来なら私も「もう少しで昼だから我慢しろ！」「朝飯ガッツリ食べてこい！」と、否定から入りたくなります。しかし、否定禁止ルールがあるので、「自分も朝食を抜いているからこの時間は辛くなるな」、「20代は、若いからすぐ腹が減るよな」と、共感から入りました。

132 「否定しない」から、気づけたこと

否定しないで話を聞いているうちに、相手の困りごとに共感し、いいアイディアも浮かんできます。

B君以外にも朝食は抜いて11時30分ぐらいから昼食を食べたい人がいるのではないか。逆に朝はしっかり食べてきていて午前中はもっと長い時間仕事をしたい人もいるのではないかと思ったのです。

アンケートを取ると、半々に分かれました。そこで、11時30分組と、13時組に昼休みの時間を分けたのです。

そうすることで、昼食で順番待ちをするという全く生産性のないことを回避できどちらの組も並ばずに食事を取ることができました。さらに人気店は、いつも長蛇

の列で時間内に食べられず諦めていたのに食べに行くことができたと好評でした。

会社では昼休み中でも電話や来客があるので当番制になっていました。当番には、手当も支給していましたが、誰かが会社にいるので当番もいらなくなり、経費も浮きました。当時はフレックスタイム制も浸透していなかった時代だったので、画期的な取り組みでした。

否定しないで話を聞いた成果です。

133 「ツッコミ力」で面白い話に変える

話す、聞く、書く、3つの伝える力のなかで、最強のコミュニケーションツールは、聞く力だと確信しています。

そして、そのなかでも最強中の最強は、**ツッコミ力**。

どんなつまらない話でも、ツッコミの力によって面白く変えることができます。

たとえ、上司のダジャレがすべったとしても、ツッコミによって場の空気を変えることができます。

ツッコミが上手い人がいるだけで、安心してボケることができます。

134

貶《おとし》めるツッコミは絶対NG

「ツッコミは愛」というタイトルでセミナーを行ったことがあります。

この場面では、どのように突っ込んでいくのか、ツッコミの技、ツッコミの型、ワークを交えながら90分間、笑いっぱなしのセミナーでした。

誰かのボケに対して、「わ！　さむい」「今、スベッたよね」「つまらん」と返す人がいます。言い方にもよりますが、貶《おとし》めるような返しは、NGです。

面白くないことを「面白くない」と言うのは誰にでもできます。しかし、それを言うことに何の意味もありません。極論をいえば、**面白くないのは、ツッコミの責任**です。ツッコミによって、ボケは面白くもつまらなくもなるのです。

135

ボケは「センス」、ツッコミは「型」

キングオブコント初代王者、バッファロー吾郎のボケ担当A先生（旧芸名：木村明浩）の授業を受けていたことがあります。先生は関西を中心に活躍しています。

「オモシロクナール」、「ヨクスベール」などのギャグを聞いたことがある人もいるでしょう。

全6回2時間の授業で、お笑いについて学びました。そこで感じたことは、ボケはセンス。

ボケられる人は、独創性、発想力、観察力があり、繰り返される日常のなかから間違えや違和感を感じとって、笑いに変える能力のある人、ひと言でいえば天才です。練習では、なかなか到達しない領域だと思っています。

しかし、安心してください。私たちは、芸人を目指しているワケではありません。ボケを極める必要はありません。

そして、**人間関係においては、ボケよりツッコミのほうが好かれます。**

もっといえば、話し上手より聞き上手のほうが好かれるのです。世の中には、人の話を聞きたいという人より、「自分の話を聞いてほしい」

という人のほうが、圧倒的に多いからです。

もちろんツッコミにもセンスはあります。しかし、型もあります、**型を知ることでツッコミ力を鍛えることができます。**練習によって、上達します。後天的なものでカバーすることができるのです。

136 ツッコミの2つの型

ツッコミは、「説明ツッコミ」、「実況ツッコミ」、「ノリツッコミ」、「例えツッコミ」、「無視」、「ボケツッコミ」など多岐にわたっています。難しいツッコミもあります。しかし、さきほども言ったようにプロの芸人を目指しているわけではありません。

日常でも使える「現実型ツッコミ」と「感情型ツッコミ」を覚えましょう。

この2つのツッコミを覚えることで、その場の雰囲気が大きく変わります。日々の会話のなかで、「ツッコミ」を活用できれば、明るく楽しい職場にもなります。

〈ツッコミの型①〉現実型

ポイントは、「ボケ」に対して、即座に反応すること。

例えば、ボケが「昨日、内示がおりて、君は明日から宇宙飛行士だよ！」と言ったとします。ここでツッコミは、「え？　アルマゲドンですか？　訓練だけでも受けさせて下さい！」という反応をします。

このように、不条理な「ボケ」に対して、「現実的な疑問」を投げかける方法です。

注意点は3つです。

・ボケの話をよく聞き、ツッコミを入れる

・タイミングが重要。話の流れを読み、適切なタイミングでツッコむ

・相手を尊重する。不快にさせないよう配慮する

138

〈ツッコミの型②〉感情型

感情を込めて反応する「ツッコミ」です。

ポイントは、「ボケ」に対して、驚きや怒り、困惑といった感情を表現します。

例えば、ボケが「先輩、申し訳ございません。会議室の予約、全部埋まっていて、3時から10分間だけしか取れませんでした。おやつでも食べますか？」と言ったら、「それじゃ会議室じゃなくてカフェだよ！」といった反応。

この場合、突拍子もない「ボケ」に対して、過剰な反応を見せることで、周囲の雰囲気を和やかにする方法です。

注意点は3つあります。

- **感情を素直に表現する、自然体で反応する**
- **相手の感情に寄り添う。相手の言葉や行動から感じ取れる感情に注目して反応する**
- **言葉だけでなく、表情や身振り手振りも使って表現する**

139

散歩中にできる「ツッコミ練習」

私自身、すれ違う人、電車のなか、建物や看板にツッコミをいれながら歩いて、ツッコミの練習をしています。

「本田畳屋本店」という看板を見たら「本当は本屋になりたかったのかよ！」。「カット・アバウト」という美容院には「適当に切る気かよ！」。

昼どきに入った牛丼チェーン店で「ごゆっくり」と言われたら、「絶対、早く出てほしいはずだろ！」（回転率勝負のため）。

もちろん、口には出しませんが。

そして、どのツッコミも、**相手（ボケ）の話をよく聞く（観察する）ことで成立します。聞く力が前提**なのです。

コラム

「察しろ」は、無理と心得る！

コミュニケーションが不足すると、上司の曖昧な指示、部下の勝手な解釈が発生します。

「察しろ」は、無理だと心得るべきです。

常連客が「いつもの」と言って、メニューも見ずに注文したり、長年連れ添った夫婦が「あれ取って」で何か理解できるようには、なりません。

たまたま、合うことがあっても、万一間違った伝わり方をした場合、大きなミスや会社の損害にもつながります。

例えば、「コピーを取っておいて」という指示の場合。

白黒で一部が常識だと上司が思っていても、

「何部ですか？」、「白黒かカラーどっちにしますか」、「急ぎますか」

と聞いてくる部下がいます。

「コピーを取って」しか言わないなら、「白黒一部」が基本だと思っていても通じないことがあります。

「お客様がきたのでお茶淹れて」というと、

「何名分入れますか?」、「お茶は日本茶、紅茶どちらにしますか」

と聞いてきます。

お客様は2名なのだから、自分の分も含めて3人分だろうと思っても通じないのです。

上司の気持ちは分かりますが、これは部下が正解です。

曖昧な表現に正確な答えはないからです。

今日は午後3時から会議があるから、その書類かな、役員も参加するからカラーかも、午後3時からの会議だけど急ぐかな、と考えているかもしれません。

「この書類を一部、白黒でコピー取っておいて、13時までにお願いね」といえば、伝え漏れは防げます。

課長のほかにもお客様対応をする人がいるかもしれない、最近お土産でもらった美味しい紅茶がある、夏だけど今日は涼しいからホットがいいかな、一番広い部屋に案内しているからもっと人が増えるかもしれない、と様々な心配りをしているかもしれません。

上司は自分の常識にとらわれず、勘違いしそうな項目を潰していくように、具体的に伝える必要があります。

しかし、具体的に話そうと思って話が長くなり、何を言っているのかわからなくなる場合があります。

「お客様が午後3時から来て、それまでにコピーを何部取り、このコピーはカラーで、クリアファイルに入れてくれ、接客の前に課長と打ち合わせをしたいから11時に課長に来るように指示をしてください」

このように話が長くなると思ったら、部下にメモを取ることを指示します。理解できているか途中で確認する。最後に質問をしてもらう。もしくは、箇条書きにした紙を用意して、その紙を渡して、補足説明をするのも良いでしょう。

しかし、一番重要な考え方は、会話は一発勝負ではないということ。会社は、一期一会の世界ではありません。1回話したら終わりでもありません。

部下が察することができなくてもイラ立たず、何度も会話のキャッチボールをして精度を上げていけばいいだけです。

会話をしていくうちに、「お！　紅茶もあるの？　たまにはいいかもね！」と新たな発見をするかもしれません。

第5章

書くチカラ

―誰でも速く伝わる文章を書く方法―

イントロダクション

文章を書くコツとは？

「何を書いていいか分からない」

「書くことが整理できていない」

「持っている知識を発揮できない」

書けない理由を聞くと、こうしたことをよく聞きます。

私はこれまでに29冊の本を出版していますが、1冊の本を書くには、7万字から10万字、項目にして40項目から50項目の原稿が必要です。最低、40項目でも40個のコンテンツを執筆する必要があります。

しかも、読者の方の役に立ち、困り事を解決できる再現性のある内容にしなければなりません。

今までの経験、類書の研究、新聞や雑誌を読み学術書にも目をとおす。専門家のセミナーに参加し、図書館に行って調べる。このようにしてビジネス書を完成させていきますが、正直、たいへんです。

ですが、文章には型があり、それをうまく使うことで、スラスラと書くこともできるようになります。また、どうしても書くのが苦手なら、あえて書かずに話したことを文章の下書きにして、書き進めることもできます。

多くの人は、作家のように素晴らしい文章を書く必要はありません。読みやすくて、内容が伝わりやすい文章を書くことができればそれで十分です。

そのために必要なのは、ちょっとしたコツとテクニックです。ここでは、私がこれまでにストックしてきた「書くための知識」をお伝えしていきます。

書き出し

140 書けないなら、話して書く

「話すのは得意だけど、書くのは苦手」
「文章の構成を考えられない」
「その分野の知識は豊富でも、うまく書き出すことができない」

つまり、**「話せても書けない」**。こんな悩みを抱えている方は大勢います。

最後の悩みなど、何年も同じことを専門的にやっていると、その知識について何時間でも話すことはできるのに、書くとなると筆が進まなくなる。そんな状況の人は多いのではないでしょうか。

なぜか？

一言で言うと、**正しい文章で書こうとするから**です。

書くことができなくても、**話せるのであれば、話してしまえば良い**のです。

例えば、経営者に、「会社設立から今まででピンチだったことを話してください」と質問したら、話してくれます。

営業課長に、「どのようにして部下のモチベーションを上げているか、そのコツを教えてください」と質問したら、その方法を話してくれます。

新入社員に、「学生時代の思い出を話してください」と言ったら、話せます。

141 音声アプリで、「文字化」する

目の前に、人がいるような気持ちで、相手に話しかけているような気持ちで、話し言葉で書いてみる。

もしくは、音声アプリを使って話しかける。実際、私はこの原稿を、音声アプリを使って書いています、というかスマホに向かって話しかけています。

目の前にいる人に話しかけるように、音声アプリに向かって話しているのです。話した言葉が、どんどん文字になっていきます。

142
書かずに、「修正」で文章にする

ここまでが監督業の仕事です。

まずは作品を作り上げる。

それ以降は、評論家業に転身します。

話し言葉で書いた原稿を見て、「ですます調」に直したり、「誤字脱字」を見つけたり、再現性があるか、実例は盛り込まれているか、読んだ人がすぐ真似できるコンテンツになっているかなどの確認をして修正していきます。

この方法なら、話すのは得意だけど書くのは苦手な方も、文章の構成を考えられない方も、知識は豊富でもうまく書き出すことができないと言っている方も大丈夫です。

話しているのと同じ状態で書くことができ、それを修正すれば良いだけだからです。

143

文章は時間を置いてから、修正する

クリエイティブなものを作り出すのは苦手な人でも、その作品を評価するのは得意な人が多いのです。

映画、書籍、絵画、作ること書くことはできなくても、それを正しい目でチェックすることは得意なのです。

粗削りでも監督業で作った作品を、評論家目線で修正してください。

144

「制限」を設ける

第1章で制限を設ける大切さを書きましたが、「書く」という作業も同じです。

一見、自由に書いて、好きに書いて、と言われるほうが、得意なことが書けると思いそうですが、自由のなかから発想は生まれづらいのです。

何を書こうかと迷ってしまって書き出すことができなくなります。

不自由ななかに、発想は生まれます。

不自由が人を自由にするのです。

「自由に企画書を書いていいから」と言われるよりも、「30代ビジネスパーソン向けに、働き方改革について書いて」と言われるほうが、書きやすいのです。

もし、「好きに考えて」と言われた場合でも、「Chat GPTを利用することで生産性が向上するか、経理の面から考える」と、選択肢を自ら絞って書いてみてください。

145

考えがまとまらないときは「会話」

ビジネス書を執筆する場合だと、担当の編集者さんと会話をします。

そのメリットは、次のとおりです。

- **話すことで、読者の必要としていることが分かってくる**
- **話していくうちに、自分の頭のなかが整理されていく**
- **話すことで、頭のなかにある知識が引き出される**
- **自分が当たり前だと思っていたことが、第三者は知らないこと、役立つ情報だと気づく**
- **1人で悶々《もんもん》と悩んでいるときには、浮かばなかったアイディアがひらめく**

第三者に話すことで、自分では当たり前だと思っていたことが、実は、独自のアイディアや勉強法だったということに気づき、冒頭でお話しした「書けない理由」を打破することができるのです。

146

自分を「客観視」する

「虫の目」と「鳥の目」という言葉があります。「虫の目」とはミクロの視点。「鳥の目」とはマクロの視点です。「虫の目」は、虫のように近いところから物事を見る目。「鳥の目」とは、空を高く飛ぶ鳥のように物事の全体像を見渡す目です。

第三者と話すことにより、自分を客観視することができ、今まで虫の目でしか見ていなかったものが、鳥の目を使って見えるようになります。

読みやすい仕組み

読みやすい文章とは？

私のデビュー作、『人生を逆転させる1日30分勉強法』（CCCメディアハウス）を執筆するときにモデルにした作品は、アゴタ・クリストフの『悪童日記』（早川書房）です。実は、ビジネス書ではなく小説なのです。

第二次世界大戦中に、小さな町に疎開してきた双子の兄弟が、魔女と呼ばれる祖母のもとで過酷な重労働をしながら、たくましく、ときに残虐な行為をしながら、生き抜いていく物語です。

内容はハードですが、一文が短く、言い切り、余白が多く、軽快に読み進められます。

こんな文章を書きたいと憧れ、私も意識して書き方を真似しました。

148

一文を短くする（ワンメッセージ）

一文を短くするために、余計な修飾語を削りました。一文はワンメッセージにすることを心がけました。一文が長すぎると意味がつかみづらくなります。情報が多すぎると読み手が混乱します。「〜で」「〜ですが」「〜が」などの接続詞で文章をつなげると読みづらくなるので、分断しました。

149

指示語を減らす

指示語とは、「これ」「それ」「あれ」「どれ」など、指し示す言葉で「こそあど言葉」とも呼ばれています。一度述べた単語をそのまま繰り返さないで置き換えて使えるので便利です。しかし、多用しすぎると読み手が「これ」ってどれのこと、「あれ」って何を指しているのと考えたり、前文に戻らなければならなくなります。

150

漢字3割、ひらがな7割

「添付資料の確認を御願い致します。尚、完成工事未収入金一億円は決済後、別途御連絡致します」

漢字を羅列したこの文章、読みにくさの極みです。一般的には、**漢字3割、ひらがな7割がバランスのよい文章**と言われています。また句読点を適度に使うことも効果的です。

- **別途御連絡致します。→別途、ご連絡いたします。**
- **宜しく御願い致します。→よろしくお願いいたします。**
- **如何でしょうか。→いかがでしょうか。**

この置き換えだけでも、一気に柔らかく読みやすい文章になります。

25文字前後で、改行する

ときどき「般若心経」を書き写したような文章を見ることがあります。スキマなく書いているので、読むのが大変です。

もちろん写経は、人に見せるためではなく、お釈迦様が説かれた教えを自らの手で書き写すことで功徳《くどく》を得る目的なので、行間なく改行なく書くことに問題はありません。

相手に読んでもらうのが目的の文章なら、問題です。とくにメールの場合、ほかのメールが簡素なだけに改行の少ない文章は目立ちます。たくさんのメールをスキマ時間に一気に返そうと思うことも多いため、気軽に読めないと後回しにされてしまいます。

・長くても、**25文字前後で改行する**
・長くなるなら、**箇条書きにできないか**考えてみる最近では、写経を精神の安定を目的に行う人が増えています。そのような目的ならお勧めですが、伝える文章のときは、読み手の心理的な負担が多くなります。

余白を意識することで、相手が読もうという意識が生まれます。

文章は、真っ黒いカラスより、真っ白い白鳥のようなレイアウトが良いのです。

コラム

絶対に嫌われる！
この聞き方は絶対NG！

メールなどのSNSからの誘いで、1番ダメなのは、

「明日、暇（ですか）？」

友人や気心しれた仲間なら問題ないですが、それほどではない場合は最悪です。

「明日、暇？」

たった漢字3文字ですが、ツッコミどころ満載です。

まず、明日の朝なのか、昼なのか、夜なのか、何時なのかも分かりません。

東京、青森、大阪、沖縄……リアルなのか、オンラインなのかも分かりません。

映画なのかドライブなのか東京ディズニーシーなのか、セミナーなのか講演なのか、マルチ商法の誘いなのかも分かりません。

ひとりなのか、大勢なのかも分かりません。

お金がかかるのか、無料なのかも分かりません。


そもそも暇呼ばわりされたら、人は「忙しい」といいたくなります。だから、ちょっとイラっときて拒否する方向に持っていこうとします。

「何があるの？」と返信して、「屋形船で婚活パーティー」と言われてからだと、行きたいけど、それ目的だから来るんだと思われるのがシャクなので行きづらい。

「実は、私の誕生日パーティーなんです」と言われたら、こちらから理由を聞いたあとでは断わるのは至難の技。

何にせよ、その日、空いていたとしても
「どうしたの？ 何時から？ 場所は？」など、こちらから質問をする手間が発生します。

何度も連絡を取らされるので、時間のムダにもなります。

それらを考え、私は「明日、暇ですか？」という連絡には、何も聞かずに「用事があります」と答えます。聞き方ひとつで損をしないよう気をつけましょう。

第6章

SNSは主じゃなくて従！

―振り回されない使い方！―

イントロダクション

SNSとは何か？

現代人が1日に受け取る情報量は、平安時代の人の一生分と言われています。海外でもニューヨークタイムズの1週間分の情報量は、18世紀を生きた人の一生分とも言われています。

情報量が多くなると、何を信じて何を受け取り、何を捨てていいか迷いますよね。紅白歌合戦の視聴率が年々下がっていることが話題になりますが、面白くないから低迷しているわけではありません。

テレビかラジオしかなかった時代から、今ではYouTubeをはじめ多くのSNSで情報を視聴することができます。テレビもNHKと民放だけだったのが、映画・ドラマ・アニメを多くの動画配信サービスで視聴できます。さまざまな番組を見られるようになりました。選択肢が増えれば、視聴する媒体が分散し、視聴率が下がるのも当たり前です。

インターネット環境が整いはじめたころ、これで仕事が効率的にでき、生産性は上がり、時間短縮になり、残業も減ると思われていました。

実際は、どうなったでしょう？

その逆で、情報の波のなかで仕事量は増えました。正確にいうとムダな情報を見ることに時間を使うようになりました。どうでもいい情報をメールやチャットで送ることで、**見る、開く、読む、返信する、転送する、Cc、Bccをつける、削除するという手間**がかかるようになったのです。

しかし、メール、チャット、X、インスタグラム、フェイスブック（以下、この章ではメールといいます）などのSNSを「便利な情報手段」として利用するのか、「仕事の邪魔をする厄介者」にしてしまうのかは本人次第です。

メールをはじめとしたSNSは、「主」ではなく「従」なのです。主役は本業です。その本業を手助けする手段として従属的にメールがあるのです。

メールに振り回されず、メールを本来の目的である従属した手段として活用する方法をお伝えします。

152 返信が速い人は仕事ができる？

「メールの返信が速い人は仕事ができる」

と思われがちです。ビジネス書やネット記事でも、その説が載っています。

しかし、それはただの思い込みです。

お客様や取引先から頻繁にメールがくる、営業課のリーダーで外にいる部下から連絡がたえない、そんな状況なら話は別ですが、「メールの返信が速い人＝仕事ができる人」という呪縛から逃れてください。

私もよく「メールの返信が速い」と言われています。ある人の著書でもメールが速い人として紹介されたくらいです。しかし、常にメールを待っていたり、通知をオンにしていたり、他の仕事をしている最中にメールが来たからといって中断してすぐに返信するわけではありません。

ミシガン州立大学のアルトマンらは、３００人の学生を対象に、パソコンで集中力が必要な作業をさせ、その途中で学生に興味のありそうな広告を画面に出して作業を中断させました。中断時間は、たったの２・８秒。

どうなったか？

ミスの発生率が2倍に増えたのです。さらに４・４秒間中断されると、ミスは４倍に増え、どちらも集中ゾーンに戻るには、30分かかったという研究結果を伝えています。

153

5秒以内に返信開始

私は取締役という立場上、経理、総務、工事関係など、毎日たくさんのメール対応に追われています。

そのなかには、長文で行間びっちり、一文に複数のメッセージが入っていて分かりづらい、返信するのが大変そうで面倒といったメールもあり、つい後回しにしたくなります。

しかし、それでは永久にメール処理が終わりません。返しやすいメールばかり返していると、上記のメールばかり残って、地獄の受信箱になります。

そこで、メールを開くときは、「5秒の法則」で対応しています。

アメリカのテレビ司会者、メル・ロビンスが提唱した5秒の法則。人間の脳は、「何かをやる必要があると思ったときに、5秒以上考えてしまうと、やらなくてもいい理由を考え、行動をストップする」という習性を持っているそうです。

5秒！　たった5秒なんです！

面倒だな、後からでいいか、まだ締め切りは先だし……と思っているうちに5秒がたって、返信しなくなる。

では、どうするか？　**5秒以内に、行動に移す**のです。5秒以内に返信す

ると決めるのです。
「1、2、3、GO!」で、返信です。すると、先延ばししていた面倒なメールも返信できるようになります。

154

1通の返信は「15分か30分以内」

さらに制限時間を設けてメールの対応をしています。
私は返信にかける時間は、受信トレイに残っているメールの量に応じて15分もしくは30分と決めています。制限時間を設けることで、一気にやってしまおうとスイッチが入るのです。

155

「途中まで読んで」メールを閉じない

ビジネスメールは必ず返信しなければなりません。**いつか返信しなければならないなら、今すぐここで返信する!** 途中まで読んで「面倒だ、大変だ」で後回しにしてしまったら、もう一度、最初から読まなければなりません。もう一度、読み、途中でやっぱり面倒だからと先延ばし。その繰り返しがムダな時間を生むのです。

これは他の仕事にも言えることです。面倒な書類、大変な企画書、イヤな手続き……その場ですぐに着手すれば終了し、後回しにならずストレスも軽減されます。先延ばしにして、これらの仕事が溜まっていくことがストレスを生むのです。

後回しにするなら、「後回し期限」を決める

「もうすぐ会議があるからすぐ返信できない」

「出張中の常務の決済がないと返事ができない」

そんな場合もあります。そのときは、「明日の13時までに」「出張から戻る水曜日の16時までに」と**「返信する日時」を決める**のです。

すぐ返信しないなら、「要点だけ」返信する

このように、すぐに返信できない事情があるときは、先方に対しても「メールを

受け取りました」という返事だけは早めにしておくことが鉄則です。回答に時間がかかる場合には、次の3点に留意して連絡しましょう。

1 メールを受け取ったことを伝える

2 「〇日までにあらためて連絡する」という期日を提示する

3 シンプルに用件を伝える

メールはLINEのように既読がつかないため、返事がなければちゃんと届いているのか、読まれているのか先方にはわかりません。また、回答の期日を示してあげることで、先方も返信を待つ間に別の作業から進めておくなど、次の対応を決めやすくなります。

繰り返しになりますが、**ビジネスメールは、いつかは返信しなければなりません。「今すぐ返信する」か「返信する日時を決める」の2択しかない**と考えましょう。

158

時間が足りないときはロスタイム

返信途中で時間が来てしまったときは、タイマーの時間を5分間延長します。サッカーの「ロスタイム」（正式には現在は「アディショナルタイム」）のようなものです。中途半端に手をつけて後回しにすると二度手間になります。

「ロスタイムで1点（1返信）を決めてやる！」と、遊び感覚でやってみてください。

メール文面

159 「書き出し」と「締め」は毎回同じにする

ワンパターンは、時に退屈・つまらないと取られますが、ビジネスメールでは、むしろ好ましい要素です。

書き出しと締めの言葉は毎回統一する。

- **書き出し「いつもお世話になっております。」**
- **締め「今後ともよろしくお願いいたします。」**

を使っているなら、原則それで統一しましょう。

「相手が飽きるかな？」と考えて、わざわざ違う書き出しにする必要はありません。

受け取るメールが、その時々によって「こんにちは。」「背景、時下ますます〜」のように、毎回異なる書き出しで始まるとどうなるでしょうか。

「何か違うことが書いてある、何事だろうか」と、無意識のうちに書き出しに注意が向き、本題を理解する妨げとなります。

送る側にとって、午前中だから「おはようございます」かな？　付き合いの長い相手だから「いつもお世話になっております。」かな？　などと毎回考えるのは面倒です。また、受け取る側も余計な注意を払うことになります。

ビジネスメールは用件を伝える手段です。書き出しがワンパターンだからといって印象が悪くなることはありません。パターンを決めておくことで、受け取る側は安心して読めますし、送る側も悩まずにメールを書くことができるのです。

160

「件名」で第一印象に差をつける

件名でメールの第一印象が決まります。

あなたは書店に行ったら、書籍の何を最初に見ますか？

「タイトル」ですよね！

映画を観ようとＤＶＤを借りに行ったら、何を最初に見ますか？

「タイトル」ですよね！

メールも同じです。

受信者が最初に目にする情報はタイトル、つまり件名なのです。

161 初メールの件名には「会社名・名前」を入れる

メールの顔となる件名が、「おはようございます」などの挨拶だったり、「先日はありがとうございました」「打合せについて」のような曖昧な件名だと、優先度が低いとみなされて後回しにされる場合があります。

とくに初めてメールを送る相手に「はじめまして」「こんにちは」というタイトルをつけがちですが、スパムメールに多いタイトルのため、最悪は開かれずに終わる可能性もあります。初めてのときは、「服部様よりご紹介いただいたセミナー講師の石川和男です」、「株式会社アレルドの石川和男です」など誰か分かるように会社名や名前を件名にいれましょう。

メールは、電話のようにお互いが話し合って返事を出す伝達手段ではなく、タイムラグがあります。そのタイムラグが短いか長いかで自分の仕事にも影響がでる場合もあるのです。特に先方の返事次第で、仕事の進み方が変わるときには、すぐに読んでもらえるような件名を考える必要があります。

162

「わかりやすい件名」の3つのコツ

メールをすぐに開いてもらうには、件名から内容がわかる必要があります。
そのためには、「①何を」「②いつ」「③どこで」を明確にすることです。

●件名の例
×「安全大会について」
↓「①何を」しかない
×「9月21日に行われる「安全大会」について」
↓「①何を」「②いつ」もう少し！
○「9月21日、大宮で行われる「安全大会」について」
↓「③どこで」3用件そろった！

163

送る前は「何を、いつ、どこで」チェック

もちろん、すべてが揃《そろ》わない場合もあります。

でも3つの用件が揃うと、他のメールと混同する確率も減り、後から検索で見つけやすくもなります。

私は件名を書いたら、「①何を②いつ③どこで」が抜けていないかチェックすることを習慣にしています。

164

長さよりも「要点」

長文のメールは、書くのも読むのも一苦労です。ビジネスメールは何らかの情報を伝えるための手段です。最優先は、要点がすぐに理解でき、正しく伝わることです。

メールで過不足なく用件を伝える文章構成のポイントは、以下の3点です。

168

①結論は「最初」にはっきり書く

他の項目でもお伝えしていますが、メールも同じです。**伝え方の上手い人は、「結論ファースト」**でムダがありません。

あなたも取引先に電話をかける際には、あらかじめ質問や伝達事項をまとめて、すぐに用件を切り出していると思います。

余談ですが、得意先のAさんは、電話を掛けてきてから用件をまとめます。抜け漏れが多すぎて、私から「それで時間は何時からですか？　さきほど言われた待ち合わせ場所の新宿駅、何口のどこにしますか？」と促さないと情報が把握できず、時間もかかり、毎回イラっとさせられます。

メールも同じです。余計な時間を取らせないことが重要です。最後まで読まないと結論がわからないメールはストレスの元ですし、忙しい人は途中で読むのをやめてしまうかもしれません。

②1メール1メッセージ

メールは「1通につきメッセージは1つ」が原則です。伝えたい用件が複数ある場合は、それぞれ別のメールとして送りましょう。同じ案件についていくつか質問があるなど、関連性のある話題であれば、1通のメールにまとめて箇条書きにすることは問題ありません。

一方、展示会の打ち合わせから忘年会の連絡などに**話題が変わるような場合は、別途メールを送る**ようにしましょう。

話題が増えるほど文章は長く複雑になります。また、後から確認する際にも、関連性の低い話題が混ざっていると探すのに時間がかかってしまいます。

③表現はシンプル

丁寧に伝えようとするあまり、文字数が増えて冗長になっているメールを見かけます。ビジネスメールに柔らかさは不要です。

読み手が要点をすぐに見つけられるよう、簡潔に書くことを意識しましょう。シンプルな文章にするためには、**なくても意味が通じる言葉を削る**ことです。何かを強調するための表現は思い切ってバッサリ削りましょう。可能であれば**箇条書きで表現する**のがおすすめです。

また、話をつなげすぎず、一文をなるべく短くするのも有効です。

メール・SNSとの付き合い方

168

通知をオフにする

メール、チャット、LINE、インスタ、X、スレッズ、クラブハウス……さまざまなSNSの通知音がなるたびに、本業をしていたあなたは集中力が切れ、たとえ開かなかったとしてもミスは増えるのです。

通知をオフに設定することが重要です。

169

メールは「1日4回」だけチェック

通知を切っていても、メールの対応はしなくてはなりません。丸1日、SNSの確認をしないのも問題です。

そこで、私は決まった時間にメールを確認しています。届くたびに現在の業務を中断して受信トレイに移動するのと、「このタイミングで対応しよう」と自分の意志でメールを開くのとでは、大違いです。繰り返しますが、メールは「主」ではなく、「従」なのです。

私は、出社時、午後13時、15時、退社時にメールをチェックしています。

朝は集中力がみなぎっている時間です。メール対応に割く時間は最小限にとどめたいところです。重要なメールが来ていないか確認し、緊急の用件であればその場で返信しますが、それ以外のメールは午後に回しています。

私は昼休み後の13時と15時が、集中力が落ちる時間帯です。特に食後の13時はガクンと落ちるので、重要でないメールはこの時間帯に一気に返信するようにしています。

170

「見る」と「開く」を使い分ける

メールの確認についてのちょっとしたコツですが、**「見る」と「開く」を明確に使い分けること**です。私の例では、午前中は「見る」を中心にして、メールの件名だけを見て、重要なメールは開いて返信し、それ以外は中身を読まずに受信トレイにそのまま置いておきます。

一方、集中力が落ちる13時と15時は「開く」が中心です。メールを次々に開いて返信し、受信トレイを空にするのです。

171

スキマ時間に「件名だけ」チェックする

私はタスクを細かく分け、15分単位で終わらせるようにしています。タイマーだと音が鳴って、周りに迷惑がかかります。そのため、バイブ機能付きタイマーを使い、15分に設定して仕事をしています。ただし、バイブはそれほど鳴ることはありません。15分で行おうと決めたタスクを、さらにシビアに期限を決めて、15分以内に終わらせ、自分でバイブの設定を解除しているからです（ゲーム感覚で楽しみながらタスクを片づけられるのも、時間を区切るメリットです）。

こうして**余った時間を使って、重要なメールが来ていないか確認**します。

112 SNSは「公私」で使い分ける

補足ですが、SNSでは「使い分け」を行っています。

ビジネス上は、メールとチャット。プライベートはフェイスブックやX、インスタなど。ただし、登録はしていてもプライベートでは、フェイスブックしか使っていないので、フェイスブックのメッセンジャーだけ昼休みに確認しています。

113 「金曜夜」に、新規メールは送らない

メールは電話と異なり、返信するタイミングを選びやすいツールです。とはいえ、急ぎの連絡や一連の流れがあって送るのでなければ、就業時間内に済ませるのが望

ましいでしょう。

特に金曜日の夜に、新規のメールを送るのは、デメリットがあります。

「退社前のメール」はやめる

私も含め、退社前にメールをチェックする習慣のあるビジネスパーソンは多いものです。重要なメールを見落としたまま休みに入ることがないように確認するためです。

一連のやり取りがあったうえでのメールや、早い時間に届いていたけれども都合がつかずに後回しにしていたものなら納得できます。しかし、やっと1週間が終わって、「さあ飲みに行こう！」というタイミングで新規のメールが届き、その対応に追われるのはガッカリします。

コラム

すべての人から好かれる人はいない！

以前、フェイスブックで気分が晴れる素晴らしい投稿を拝見しました。

小学校の道徳にも使われている童話「ろばを売りに行く親子」（イソップ寓話と言われるが、もとはポッジョの『笑話集』に収録）に出てくる親子を老夫婦にアレンジしたものです。登場人物は違いますが、内容は一緒です。

老夫婦が2人でロバに乗っていました。

それを見ていた人が、「2人でロバに乗るなんてロバが可哀想だ！」と叫びます。

そこで、お婆さんがロバから降り、お爺さんだけがロバに乗っていると

今度は別の人に、「爺さんだけ乗って、婆さんが可哀想だ！」と言われます。

そこで、今度はお爺さんがロバから降り、お婆さんがロバに乗るって進んでいくと

「爺さんを歩かせて、自分だけロバに乗るなんてヒドイ女だ！」と言う人が現れます。
仕方なく2人ともロバから降りて歩いていると
「あいつらはロバの使い方もしらないバカなのかよ！」と言われるのです。
つまり、何をやっても文句を言う人はいるんです。全員を納得させるのは難しいという風刺です。

私自身、ネットで記事が載れば、そのたびにコメントで叩かれます。

書籍のレビューでは、最低評価に「全部、知っていることでした」という辛辣な感想が投稿されます。

もちろん、共感のコメントや高評価の感想が大部分です。しかし、否定的なほんの少数の意見が気になってしまう。そんな気持ちを払拭する話でした。

すべての人から好かれている人はいない。なぜなら、すべての人から好かれている人を嫌いな人がいるからだ！

ネットの拾い記事ですが、たしかにその通り。

あなたも気にせず発信していきましょう！

おわりに

最後までお読みいただき、ありがとうございます。


あなたはどんな人が好きですか？

どんな人といて楽しいですか？

突然すぎて答えられないと思うので、聞き方を変えます。

どんな人が好かれる人だと思いますか？


面白い人、優しい人、尊敬できる人、どれも魅力的ですが、私は、**最高の自分を引き出してくれる人**が一番好きです。

この人といるときの自分が好き、この人は自分の魅力を引き出してくれる、この人といるといつも楽しい、あなたの周りにも、そんな人はいませんか？

学生時代、税理士受験時代、社会人になってからも、一緒にいてストレスの感じない、そんな友人たちがいました。

頭に浮かべると、共通点があります。

それは、言葉のキャッチボールがうまくて、相手に伝わる言葉で話し、聞き上手で、話を盛り上げ、知ったかぶりをせず、何時間でも話していられる。そんな**伝え方の達人**たちでした。


そのなかには、中卒の人、高卒の人、夜間の定時制の大学出身、新卒で零細企業に入社など、いわゆるエリートではない人も含まれています。

現在、彼らは全員40代以上になりました。

そして、彼らには、もうひとつ共通点があります。

有名企業の社長、年収何億の個人事業者、ベストセラー作家など、年を重ねてから成功者になっているのです。

伝え方を極めることで、勉強ができなくても、高校に行かなくても、資格がなくても、一流企業に入社していなくても、その他大勢から抜け出し、人生は逆転できるのです。

伝え方を極めることは、最強のスキルなのです。

最後に、本書を執筆するにあたり、多くの方々にお世話になりました。

ソシム株式会社の逸見海人さんには、この場を借りて心から感謝を申し上げます。

企画の立案から、執筆中は励まし、意見をいただき、本当にありがとうございます。

グリットコンサルティング代表の野口雄志社長、株式会社アレルドの細谷知司社長、いつも背中を押していただき、ありがとうございます。

友人の今任季子様はじめオンラインサロン石川塾の皆様、たくさんの意見やアイディアを聞くことで良い作品を作りあげることができました。ありがとうございます。

田舎にいるお母さん。いつも書籍の出版を心待ちにしてくれて、ありがとう。書籍を書く原動力になっています。

真理、天聖、凜、どんな状況でも、楽しみを見つけ出す姿を見ているだけで、執筆の疲れも吹き飛び、書き進めていく意欲が湧いてくるよ。

そして最後に、もう一度。
この本を読んでくださったあなた。
伝え方で、人生は変わります。
この書籍が、あなたの人生を変えるヒントになれば、幸いです!!

石川和男

［著者］

石川和男（いしかわ・かずお）

1968年、北海道生まれ、埼玉県在住。

建設会社総務経理担当役員を本業に、税理士、明治大学客員研究員、ビジネス書著者（本書が30冊目）、人材開発支援会社役員 COO、一般社団法人 国際キャリア教育協会理事、時間管理コンサルタント、セミナー講師、オンラインサロン石川塾主宰（受講者数250名）と9つの肩書で複数の仕事を同時にこなすスーパーサラリーマン。とはいっても仕事漬けではなく、パーティーなど会合の参加、家族との休息などプライベートも充実させている。

しかし元々はダメダメサラリーマン。夜間の定時制大学になんとかもぐりこみ、しかも留年をして卒業。社会人になってからは、とにかく伝えるのが苦手で、連日深夜まで残業が当たり前の生活を送っていた。

そこで一念発起し、年100冊ペースでビジネス書を読み漁り、ビジネスセミナーに参加し、いいと思ったコンテンツやノウハウはノートに書きとめ、実践し、習慣化。「伝え方」に磨きをかけて、現在のような成功をつかむに至る。

自身と同じく元々は仕事も勉強も苦手だった人に寄り添った個人コンサルティングやセミナーを多数手がけ、絶大な支持を得ている。

著書は累計35万部突破で、『仕事が速い人は、「これ」しかやらない』（PHP 研究所）、『仕事が「速いリーダー」と「遅いリーダー」の習慣』（明日香出版社）、『Outlook 最強の仕事術』（SB クリエイティブ）など。

今すぐ伝えるコツ174
「話す」「書く」「聞く」すべてに使える技術

2024年6月12日　初版第1刷発行

著　者　石川和男
発行人　片柳秀夫
編集人　志水宣晴
発　行　ソシム株式会社　https://www.socym.co.jp/
〒101-0064 東京都千代田区神田猿楽町1-5-15　猿楽町 SS ビル
TEL ：(03) 5217-2400（代表）　FAX：(03) 5217-2420

ブックデザイン　大場君人
イラスト　越井　隆
DTP・図版作成　株式会社キャップス
印刷・製本　株式会社暁印刷

定価はカバーに表示してあります。

落丁・乱丁は弊社編集部までお送りください。送料弊社負担にてお取替えいたします。

ISBN978-4-8026-1464-1